HACK THINKING

最短最速で世界が変わる方法論

須藤憲司
Kaizen Platform Co-founder & CEO

ハック思考

最短最速で世界が変わる方法論

CONTENTS

3分でわかるこの本の概要　007

Rule　008
Hack　009
HOW?　011
Know-how　014
Knack　015
Experience　019

はじめに　なぜあなたが世界をHackする必要があるのか?　021

日本が直面する3つの問題点　022
不確実な未来を生き残る知恵　026
WHY?　027
Solution　027
Hackすることは新時代を生きる知恵　028
Hack　028
鬱屈とした現状を打破する「ハッカー・ウェイ」　031
成長を加速するマインドセットと方法論　033

第1章　世界をHackするための2ステップ　035

偉人のマンガで見つけた世界をHackする方法　036
Hackするとはどういうことなのか?　038
世界を違った目で見ることで、世界を変える　039
世界をHackして、事業を改善する事業　042
あなたを助けてくれる究極のスキルは何か?　045

第2章　真の因果の見つけ方　047

観察、考察、推察、洞察という4つの察する力　048
ニュートンはなぜ万有引力を発見できたのか?　051
子供のときの好奇心「Sense of wonder」を取り戻す　054
なぜ取り組むべき問題を間違えてしまうのか?　056
売れるから良い売り場か?　良い売り場だから売れるのか?　058
Hack(ハック)するためにはアンバランスこそ重要　061
あなたが悪戦苦闘している問題は、果たして本当に問題なのか?　062
具体的に行動に移すための皮膚感覚としての知恵　067

第3章　“視点”の引き出し　069

3つのメガネをかけ分ける　070
教科書に学ぶ最強のビジネスモデル　071
ビジネスモデルとして優れているとは何か?　073
面接で話した「リクルートの売上を3兆円にする方法」　074
決済の重要性　075
マイクロクライアントの台頭　078
個人情報を積極的に売れ!　080
未来を予測する方法　081

第4章　“方法”の引き出し　087

構造とメカニズムを理解する　088
言葉のHack(ハック)　088
キング牧師の演説の真相　090
身体性のHack(ハック)　094

われわれは、雰囲気で理解を開始し、コピーで理解を完了する 096
お金と時間のHack（ハック） 102
250億円使って見えてきたこと 103
マーケティングはプレイスがすべて 104
流通戦略を中心にしたお金の使い方 107
お金と時間を事業成長に転換 110
時間の使い方がギアを決める 112
インプットの量と質、意識と無意識 113
より有限なもの、より稀少なものから考える 115
組織のHack（ハック） 116
1時間で学ぶ、責任者がやること 116
採用で70%が決まると思え 120
2階層つくれたらあとは同じ 120
自分のメッセージを絞る 122
自分の認知のHack（ハック） 125
良い採用ができないという嘘 125
ちゃんと諦めているか 126
認知の壁 127
CEOに採用権限がなくなった 128
従業員一人の10%のほうが、はるかに重要 129
挑戦が体験に、体験が経験に 131

第5章 〝勇気〟の引き出し 133

経験を通じて思い切りを培う 134
事業計画が達成できない 134
あるべき方向へ世界は落下している 135
目標や計画を達成するよりも大切なこと 136
仕事が、環境が、人が、人を創る 138
逆境をどう過ごすか？ 逃げない、拗ねない、諦めない 141

企業の存在意義 145
理想の会社をつくりたい 146
自己組織化する組織を目指す 147
全裸経営 148
好かれる会社でありたい 150
会社にまた行きたい！ と子供が思ってくれることの意味 152
組織図が逆ピラミッドに 153
自己組織化の要点は何か？ 154
不完全な器をつくり、そこにいる人が余白を埋める会社を目指す 155
成功や失敗がわかる前進が善 157
行動しないリスクは大きい 159
未来なんてわからない 161
なぜドラクエの主人公は勇者なのか？ 163

第6章 人生の出来事すべてが引き出しになる 165

観を鍛える 166
スタートアップ経営者が失敗から得た5つの学び 167
個人エンパワーメント時代の経営 173
問いを経営の中心に 176
問いの質を高めるためには、質の高いインタラクションが必要 178
Cogito ergo sum 179
経営は自己学習するプログラム 180
不確実な未来を見通す知恵 181
小さく悩むな、大きく悩め 183

最後に 185

◉巻末付録 **ケーススタディ** 189

ブックデザイン
トサカデザイン（戸倉 巌、小酒保子）

イラスト
片山由貴

図版製作
美創

ブックライティング
篠原 舞

編集
篠原 舞
山口奈緒子
箕輪厚介

ハッカー
坪田信貴

3分でわかるこの本の概要

われわれを取り巻く世界のルールは非常にシンプルにできています。

仕事も、勉強も、スポーツにおいても、皆がかけがえのない人生の時間や時にお金を投じて、何らかの成果を得ようとしています。

個人だけでなく、法人だって同じように、従業員の時間とお金を投じて何らかの成果を得ようとしていることには変わりはありません。

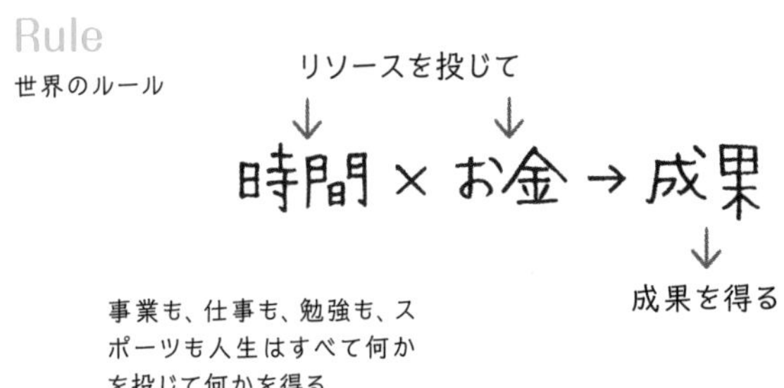

同じインプットから大きな成果を得られるように転換効率を劇的に高めることをハックと呼びます。

この本では、どうやってあなたが世界をハックして、最短最速で成果を劇的に高めるか？　について、書いていきたいと考えています。

私自身、これまで自分の周りの世界をハックして、身の丈以上の成果を得てきました。

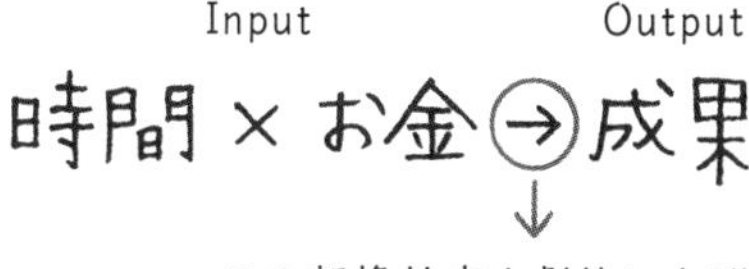

ハック思考で実現したトラックレコード

（会社員時代）

・雑誌の部数が毎年10%落ちている時代に、担当していた30誌の販売部数を２年連続で昨対30%伸ばす

・20万UUくらいのサイトを４ヶ月で500万UUに増やす

・新規事業を立ち上げ、４年間連続で売上２倍成長（2×2×2×2=16倍に）

・４種類ある全社表彰（大手営業、イノベーション、新規事業、経営論文）をすべて獲得

・リクルート史上最年少執行役員に（当時）

（その後退職し、シリコンバレーで起業）

・退職するとSNSで告知したら、Google、楽天、ヤフー、KDDIをはじめ、様々な企業から勉強会の依頼が殺到

・起業時に30社のVC（ベンチャーキャピタル）が出資に手を挙げる

・資金調達を累計34億円以上実施

・JAL、ネスレ、クレディセゾンなど国内外500社以上の大企業が次々

と、事業を成長させるために開発したサービスを導入
・創業から3年でお客様の売上を総計約240億円伸ばす
・毎年50以上の経営会議に呼ばれ、アドバイスを求められる

多分にチームや仲間があってのことだから、自分一人で出した結果ですとは到底言えませんし、もちろん幸運も偶然もありますけれど、単なるラッキーだけでもありません。

自分の周りの人たちに働きかけ、影響を及ぼすことで、こんなことが実現しました。

僕自身がどうやって世界をハックする方法を見つけたのか？

それを使って、どうやってビジネスをハックし、成長をハックしてきたのか？　をお伝えしたいと考えています。

世界をハックするのに複雑なプロセスは必要ありません。

人と違う規則性や法則を見つけて、……①

その規則性や法則を構成するシステムのスキマに介入する。……②

というたった2つのステップで実行できます。

例えば、「エレベーターの待ち時間をどのように最小化するか？」という有名な問題があります。

話の舞台は、ある大きなオフィス・ビル。

HOW?

たった3つのステップで世界をHack（ハック）できる

人と違う法則を見つける  システムのスキマに介入する

そのビルの管理会社は、「ビルに設置されたエレベーターの待ち時間が長い」と借主から多くのクレームを受けていました。

困った担当者は、エレベーター・システムの設計の専門家を呼んで、実態を調べることにしました。

専門家たちは、詳細な分析を行った結果、下記の解決策を提案しました。

1）エレベーターの増設

2）より高速なエレベーターへの機種変更

3）新たに開発されたエレベーター制御装置の設置

要するに、専門家たちは、大幅なコストをかけない限り、クレームの解決は行えないことを明らかにしたわけです。

同時にその投資費用は、このビルの収入からすると大きすぎて回収で

きないことも発見し、この問題は、完全に「デッドロック」したかに見えました。

担当者は、部下を招集し、この事態について相談しました。

長時間の会議が開かれ、皆が疲れてきた頃、それまで口を開かなかった新人が、おずおずと一つの提案を行いました。

「各階のエレベーターの前に、大きな鏡を置きませんか？」

すると２週間後、エレベーターに対するクレームは、一件もなくなったのです。

さて、ここで皆さんに、考えていただきたいのです。

なぜ、「エレベーターの前に鏡を置くこと」で、「エレベーターの待ち時間を減らす」という「問題」が「解決」したのか。

それは、「エレベーターの前に置いた鏡によって、エレベーターを待っている人が、そこを覗き込み、身だしなみを整えたり、後ろにいる魅力的な異性に目をやったりする時間が増えたから」です。

その結果として、「エレベーターの待ち時間」——正確に言うならば、「エレベーターの待ち時間として認識される時間」は、激減することになりました。

つまり、「鏡を置くこと」で、「エレベーターの待ち時間はまったく変わっていない」のにもかかわらず、その時間を「待ち時間」として認識しなくなった、ということになります。
かくして「問題」は解決されたというものです。

つまり、そもそもの問題は、「待ち時間」そのものよりも、「待っていることを認識している時間」だったということになります。
問題の所在を何に置くか？　によって、解決方法は大きく変わってきます。
このケースでは、低コストでの問題解決が可能になったということになります。

世界をHack（ハック）するためのたった2つのステップ

→世界を違った角度から見つめ、他人が気づいていない規則性や法則に気づく
→その規則性や法則を構成するシステムのスキマに介入する

先ほどのエレベーターの例を基に世界をHackする2つのステップについて考えてみましょう。

・因果関係を疑い、真の因果を解明するステップ
（待ち時間が長いから、クレームが起きている→待っていることを認識している時間が長いから、クレームが起きている）
・その規則性や法則を構成するシステムのスキマに介入してハックする
（他に暇つぶしになるもの＝鏡を置いて、待っていることを認識する時

間を減らす）

　ということになります。

　やっていることは非常にシンプル。むしろくだらない。なのに効果的。

　これが、ハックの威力です。

「極めて少ない労力とコストで大きな成果をあげる」、これをいかに実現するか？　が本当の知恵の絞りどころなわけです。

　エンジニアでなくても、特別な才能がなくてもできて、仕事・勉強・スポーツ・恋愛・子育てなど様々な領域で活用することができます。

　皆さんも、一見くだらない方法で成果が劇的に変わるのであれば、やってみたいと思いませんか？

Know-how

レオナルド・ダ・ヴィンチもメカニズムを見つけて、
そのシステムのスキマに主題を表現し世界をHackしている

人と違う法則を見つける
=メカニズムの理解

×

システムのスキマに介入する
=メカニズムのコントロール

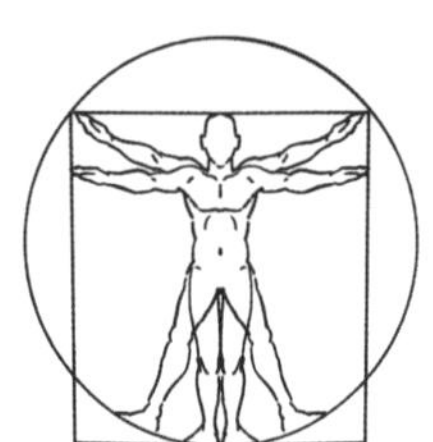

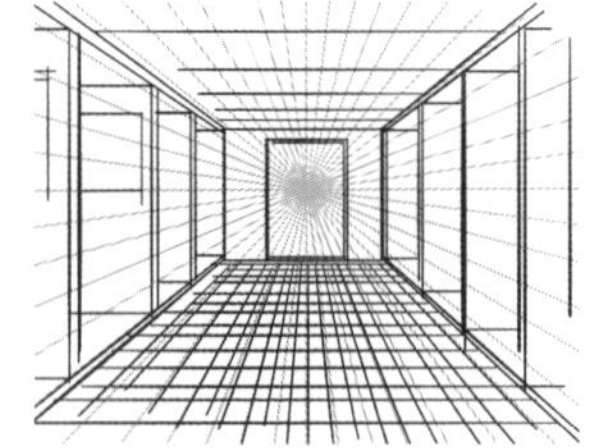

先ほどくだらないという言葉を使いましたが、この規則性や法則を見つけて、それを構成するシステムのスキマに介入するということは、ずーっと昔から使われてきた手法です。

例えば、レオナルド・ダ・ヴィンチも人体のメカニズムを理解することで、人体そのものの描き方から建築物の構造や遠近法にまで応用していたことは、大量に残されていたcodex（手稿）からわかっています。

このメカニズムを活用して、どのように主題を最大限に伝えるか？を試行錯誤していたんですね。優れたアートの前に、優れた人間理解があったものと推察されます。

そして、ハックしていく際に重要なのは、知識や技術や理論以上に、このような実際の経験やトライアンドエラーを通じて身につけた暗黙知や皮膚感覚だと考えています。自分で経験して身につけた感覚に勝るものはありません。

Knack

技術や理論より、
暗黙知や皮膚感覚が重要

天才と言われたレオナルド・ダ・ヴィンチですら、努力を通じて偉大

な作品にたどり着いているわけです。

次に、日本が誇る天才、葛飾北斎の「富嶽三十六景 神奈川沖浪裏」（ページ上）を見てみましょう。

海外では「The Great Wave」と呼ばれるこの作品は、北斎が72歳の頃の作品です（図版1）。

ちなみに北斎が33歳の頃に描いた波が、ページ下の「江島春望」という作品です（図版2）。

1

冨嶽三十六景《神奈川沖浪裏》／©東京富士美術館イメージアーカイブ／DNPartcom

2

江島春望／Image: TNM Image Archives

それから10年以上経った、44歳の頃の「賀奈川沖本杢之図」がページ上です（図版3）。

さらにその2年後、46歳の頃の「おしおくりはとうつうせんのづ」がページ下（図版4）。

3

賀奈川沖本杢之図／画像提供:すみだ北斎美術館／DNPartcom

4

おしおくりはとうつうせんのづ／Image: TNM Image Archives

それ以降、彩色されていない北斎漫画でも、波を描き続けます。

そして、波に魅了されてから40年後となる72歳のときに描いたのが

『伝神開手 北斎漫画』二編／画像提供:
すみだ北斎美術館／DNPartcom

『伝神開手 北斎漫画』七編／画像提供:
すみだ北斎美術館／DNPartcom

あの「The Great Wave」というわけです。

AIがどんどん進化するこれからの時代においても、われわれの仕事は人間相手に何かをすることが中心であることは変わらないでしょう。

その際、人間に対する深い理解と、経験から学び続けることの重要性は、今後増していくことはあれど減ることはないと考えています。

僕自身の失敗も成功も含めた経験を通じて学んだ暗黙知や皮膚感覚を共有することで、あなたが自分の身の周りの世界をハックして、大きな成果をあげていくことの力になれればと思い、本書を書きました。

Experience

実際の経験から学んだ暗黙知や
皮膚感覚を追体験してもらうことで共有する

“視点”の
引き出し

“方法”の
引き出し

“勇気”の
引き出し

暗黙知や皮膚感覚を“視点”“方法”“勇気”という3つの引き出しに整理して、ハック思考をお伝えしていきたいと思います。

読み手であるあなた自身が、ハック思考を使いこなして、周りの世界をより良いものに変えていくための一助となれたら、こんなに嬉しいことはありません。

はじめに

なぜあなたが世界を Hack（ハック）する必要があるのか?

どうしてハックしないといけないのか？　について、最初に真面目に考えておきたいと思います。

日本が直面する3つの問題点

Problem1：全員VUCA時代に突入

・国家vsテロ組織、個人のサイバーテロ
・企業vsGAFA、BATH
・個人vsAI、RPA新しい競争相手が
競争のルールを書き換える

VUCAという言葉をご存知でしょうか？　Volatility（変動性・不安定さ）、Uncertainty（不確実性・不確定さ）、Complexity（複雑性）、Ambiguity（曖昧性・不明確さ）という4つのキーワードの頭文字から取った言葉で、現代の経営環境や個人のキャリアを取り巻く状況を表現するキーワードとして使われています。もともとは1990年代にアメリカの軍事領域で用いられていたものです。米軍はすでに20年前から、テロリストやハッカーによるサイバーテロなど、国家ではない組織や個人との戦争を予期していたんですね。これは別に国家だけではなく、すでに企業や個人のレベルでも起きている事象だと言えます。

例えばAmazonの登場により、米国の小売業は崩壊の危機に瀕しています。

かつて「世界最大の書店」と言われた米バーンズ&ノーブルは今では見る影もなく、老舗百貨店のメイシーズの株価は大幅に下落、米トイザらスは破たんに追い込まれました。

Amazonの脅威に晒されている企業は今や小売業界に止まりません。ある日、突然Amazonが参入するという噂が立つだけで、その該当産業の企業の株価は突如下落し、生き残りに向けて合従連衡が始まります。

あなたの関わっている産業に未来永劫Amazonは参入しないのでしょうか？　Googleは？　Facebookは？　Appleは？

その質問と同様に、個人間の競争も、今までは同じ人間同士で競争していれば良かった世界からRPA、ドローン、自動運転などのAIやロボティクスというテクノロジーと競争する世界になりつつあります。

AI、ロボティクスの登場によって、単なる効率化であれば機械に勝てない時代が到来しようとしているのです。

ある意味、地球上の全員がVUCA時代に突入していると言えます。

Problem2: 強制的にガラガラポン

- “人生100年時代”
  ライフ・シフト リンダ・グラットン
- “企業寿命は30年から15年に”
  フォーチュン500統計データ
- “現在小学校に入学する
  子どもたちの85%はいまの時点で
  存在さえしない職種に就くことになる”
  シスコ　前会長ジョン・チェンバース
- 望もうが望むまいが、職を3〜4回程度変え、
  かつ企業だけでなく、その産業や職業
  そのものがなくなる可能性がある
- つまり、過去の強みや成功体験が
  まったく生きない世界へ

さて、そんな激動の時代に私たちの寿命は延び続けています。

リンダ・グラットンが『ライフ・シフト』で書いたように、人生100年時代は、こんな激動の中で進んでいくのです。

デジタルトランスフォーメーション、シェアリングエコノミーなど、そもそも産業の在り方の根底が変わろうとしています。

そんな大きな産業変革を体験する中で、個人の寿命は延び、人生は100年時代に突入すると言われているのです。

労働寿命が延びている中で企業寿命は30年から半分になるという予測が出ています。（引用元：https://www.works-i.com/sp/tech/sp/

column01_01.html)

これはつまり、望むと望まざるとにかかわらず、誰もが職を3～4回変えることになることを意味しています。

単に企業がなくなるというだけではなく、その産業や職業そのものがなくなる可能性もあるわけです。

過去の強みや成功体験を活かせないゼロリセットもありうるということになります。

激動の時代に寿命が延びるということは、否が応でも全員が強制的にガラガラポンの可能性をはらんでいるわけです。

Problem3: 人口減少×働き方改革

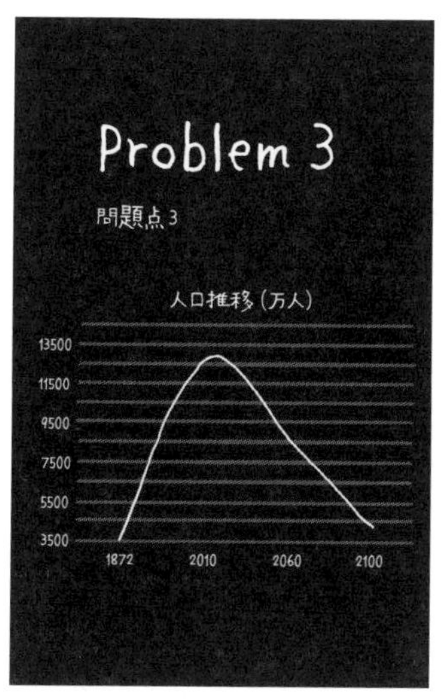

・人口が急速に減少する中で、働き方改革に投じることのできる時間総量が激減していく

そんな中で、日本国内においては、未曽有の人口減少を迎えます。

急速に労働人口が減るので、地方を中心に働き手を確保するのは益々難しくなります。

すでに難しいと悲鳴をあげている現場をたくさん知っていますが、それに輪をかける形で働き方改革がスタートしています。

人が減って、一人当たりの労働時間の制約もより厳格になっていく中で、企業は投じることのできる時間総量が減ります。

労働力確保のためのコストは確実に上がっていくと予想できます。

不確実な未来を生き残る知恵

3つの問題をまとめてみると、なぜハックすることがこれから益々重要になってくるのか？　が見えてきます。

問題の1つ目

世界中で今まで想定もしていなかった相手と競争している。

その新しい競争相手はこれまでのルールを書き換えていく。

誰もが予測不能な、不確実性の時代に突入している。

問題の2つ目

人生100年時代になり労働寿命が延びる中で、企業寿命が短くなっている。

誰もが、複数の企業、産業、職種を複線的に渡り歩く時代が来ている。

問題の3つ目

そんな中で、これから日本は急速に人口が減るので、働き方改革で時

WHY?

なぜあなたに「ハッカー・ウェイ」が必要なのか？

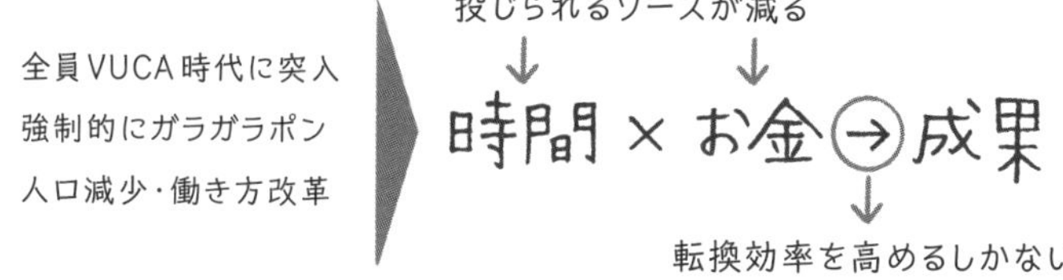

間当たりの生産性を高めないといけない。

結論としては、前代未聞の無理ゲーに突入しようとしているということです。

過去の蓄積などでは到底太刀打ちできないため、何とかして単位時間当たりの成果を高めないといけない。

その解決策として、皆で世界をHackすることを提案したいわけです。

Solution

解決策

世界をHackしよう

Hack（ハック）することは新時代を生きる知恵

そもそもハックするとは、同じインプットから生じる成果を劇的に高めること。

ハックを日本語に意訳すると、昔から言われる“知恵”になるんじゃないかと僕は思っています。

さて、知恵というと皆さんは何を思い浮かべますか？

ビジネスにおいては、事業の成長や自分の業績アップを加速したい。

学生生活においてはテストやスポーツの成績アップを加速したい。

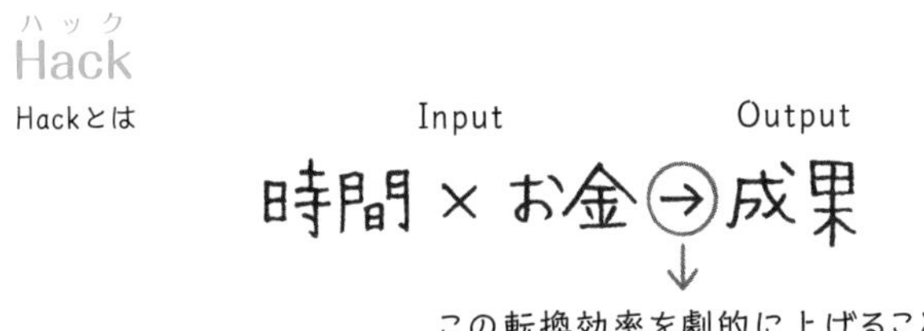

いろんな場面で、われわれは何かの成果をもっとブーストしたいと考えています。

また、職場や仕事、学校などの環境においても、漠然とした閉塞感や鬱屈した状況を何とか打ち破り、突破したい。普通の生活の中で、そんなシチュエーションに遭遇することも多々あるかと思います。

そもそも、現代の日本社会、世界の政治経済など、大きな枠組みそのものに停滞する空気を感じることにより、混沌とした曖昧な不安がそこかしこに漂っているような気がしてなりません。

そんなときに思い出すのが、東日本大震災があった2011年に受講していたある研修の1シーンです。

僕は当時、『インターネットストラテジー』という本の著者の一人である松岡正剛氏が講師をされている「ハイパーコーポレートユニバーシティ」という企業幹部候補者向けの研修を、当時在籍していたリクルートから派遣されて受講していました。

元外務省主任分析官で作家の佐藤優氏がゲスト講師の回があり、そこで非常に面白いことを聞きました。

「既存の解決策で解決できない問題が生じてきたら、自分たちの立っている土俵のほうを疑うべきだ」

非常に示唆に富んだコメントだと思いました。

研修の前に佐藤優氏の『国家論』を読み込んで臨んだのですが、僕自身が非常に興味を持ったのは、システムの「スキマ」の問題でした。

どんなに巨大で精巧にできているように見えるシステムも、システム同士を繋ぎ合わせるためのスキマが必ずある、というものです。

改めて考えてみると、今、世界が直面している問題は、国家や資本主義、企業体や一般社会における既存システムの構造的な問題に帰結することがとても多いということに気づかされました。

そして、その巨大システムにもスキマが必ず存在していて、そこを巧みにハックすることで、もっと世界を良い方向に動かすことができるのではないか？　と少し大きな枠組みで考えるようになりました。

例えば、匿名のストリートアーティストとして有名なバンクシー。

最近ではオークション中にあらかじめ額縁に仕込んでいたシュレッダーで、絵の下半分を細断するという演出で世界を驚かせましたが、彼が有名になったのは世界中の有名な美術館や博物館へ侵入して作品を盗むのではなく、自分の作品を置くという活動からでした。

実際に2005年5月大英博物館に侵入し、動物とショッピングカートを押している原始人が描かれた壁画を展示。

タイトルは「洞窟壁画」で、同作品の説明が書かれたキャプションも設置。

この作品はバンクシー自身がウェブサイトで公表するまでの3日間、全く気づかれませんでした。

その後、この作品は2018年8月30日に大英博物館が公式展示することを発表します。

下記URLは、大英博物館がその事実を発表したときのツイートです。

これは、まさに美術館や博物館のシステムの隙間をハックしたケースではないでしょうか？

「システム」は盗まれないようにするために存在していたが、持ち込まれることは想定していなくて、そこがスキマだったというわけです。

そうして有名になったバンクシーは、世界中のさまざまなストリートで風刺的なアートを仕掛ける事で、鮮烈なメッセージを発信し続けています。

まさにシステムの隙間をハックした事例と言えます。

鬱屈とした現状を打破する「ハッカー・ウェイ」

Facebookが上場した際、IPOに先立ってマーク・ザッカーバーグの書簡が話題になりました。

その中で、「ハッカー・ウェイ」というワードが、このように言及されていました。

強い会社をつくる一環として私たちは、フェイスブックを優秀な人材が世界に大きなインパクトを与え、他の優秀な人材から学ぶための最良の場所にしようと懸命に努力しています。我々はハッカー・ウェイと呼ぶ独自の文化と経営手法を育んできました。

「ハッカー」という言葉はメディアでは、コンピュータに侵入する人々として不当に否定的な意味でとらえられています。しかし、本当はハッキングは単に何かを素早くつくったり、可能な範囲を試したりといった意味しかありません。

良い意味でも悪い意味でも使われますが、これまでに僕が会ったハッカーの圧倒的多数は、世界に前向きなインパクトを与えたいと考えている、理想主義者でした。

ハッカー・ウェイとは、継続的な改善や繰り返しに近づくための方法なのです。ハッカーは常に改善が可能で、あらゆるものは未完成だと考えています。

彼らはしばしば、「不可能だ」と言って現状に満足している人びとの壁に阻まれますが、それでも問題があればそれを直したいと考えるものなのです。

ハッカーは長期にわたって最良のサービスをつくるために、一度にすべてを完成させるのではなく、サービスを機敏に世に出し学びながら改良することを繰り返します。

こうした考え方に基づき、僕たちはフェイスブックを試すことができる何千通りもの仕組みをつくりました。壁には「素早い実行は完璧に勝る」と書き記し、このことを肝に銘じています。

これからの時代を生き抜く知恵というものがあるとすれば、まさにこのハッカー・ウェイじゃないかと思いました。

既存システムが制度疲労を起こしている場合、そもそもの制度を疑い、どんなシステムでも不完全でスキマがあると考え、スキマからシステム自体をハックしてしまう。

現状維持や抵抗勢力、妥協に決して負けない。

そんなハッカー・ウェイこそが、今の日本に最も必要な方法論であるように思えたのです。

成長を加速するマインドセットと方法論

僕自身は、様々な事業を成長させることを仕事にしています。

500社以上の様々な大企業のデジタル戦略の立案から実行までを支援しているKaizen Platformというスタートアップの経営者をしています。

グロースハック（成長をHack(ハック)する）と呼ばれる成長を加速する課題解決法を活用し、毎週、毎月どこかの会社の経営会議に呼ばれ、一緒に事業の成長を加速するためのディスカッションからワークショップ、実際の戦略立案、実行までを行い、そこから得た新しい発見を基にさらなる成長を加速させるという一連の活動をお手伝いしています。

金融からEコマースまで

BtoBからBtoCまで

最新のネット企業から創業100年を超える老舗企業まで
圧倒的に強いプレーヤーの独占市場から群雄割拠、果てはこれから市場が立ち上がってくる未開拓なマーケットまで
このように、様々なシチュエーションに立ち会っています。

チームや組織も様々
当然保有しているアセットや能力も様々
競争環境も様々
そんな中で、なぜ僕がお役に立てるのか？　またどのように事業の成長を加速してきたのか？

その理由は、極めて単純で、やること自体は変わらないからです。
様々な構造や状況の中から規則性や法則を見つけ、それを構成するシステムのスキマをハックして事業の成長を加速する。
僕自身はエンジニアでもなければ、特殊技能の持ち主でもありません。
ただ、考え方のコツのようなものを持っています。

このコツさえあれば誰でも、劇的に成果を高めていくことができます。
ただ、コツなので言語化がとても難しいのです。
経験を通じて身につけた暗黙的な皮膚感覚のようなものです。
そこで、その方法論を僕自身の経験とそこからの学びを共有することで、皆さんとこの「世界をHackする方法」を共有できたら、と考えています。

第１章

世界をHack（ハック）するための2ステップ

偉人のマンガで見つけた世界をHack(ハック)する方法

幼少の頃、誰もが読んだことがあるであろう歴史上の偉人のマンガ。

僕は、あのマンガが大好きでした。

織田信長、キュリー夫人、エジソン、ニュートン、ライト兄弟、リンカーン……。

先日、久しぶりに図書館に行ったらスティーブ・ジョブズや初めて大西洋横断飛行に成功した女性パイロットのアメリア・イヤハートなども加わっていました。

なぜこのマンガが好きだったのか？

今でも、この話をすると笑われてしまうのですけれど、幼い僕にはすべて同じストーリーのように見えたんです。

正確に言うと、何冊か読んだらストーリーが共通しているということに気がついて、途中からはむしろそれを確認するために読んでいました。

夢中で読んでは確認していたのです。

「ああ、やっぱりこの人も同じだ」

と。

この歴史上の偉人のストーリーに共通していたのは、

「世界を、世の中の人とは違った目で見つめていて、その視点が正しい

と後から世の中の人が気づいた」

ということでした。

つまり、歴史は幼い僕に

「世界を疑ってみたほうがいい」

ということを教えてくれたのです。

違った目で世の中を見つめることは悪いことではない。

なにせ、世の中一般、大多数の人が信じていることがまったく違うなんていうことはこれまでもたくさんあったわけです。

これからだって、そういう出来事が起きる可能性は山ほどあるはず。

それが、物心ついてから最初の学びだったと思います。

その後、僕は、一貫して「世界を違った目で見つめよう」と努力してきました。

世の中の常識とは異なる目で世界を見てみると、世の中の人が信じている因果関係とは異なる因果を見つけられるときがあります。

こういうときはシメたもので、絶好のチャンスだと思うのです。

なにせ、周りの皆は気づいていない因果関係なのですから。

その因果関係のスキマを狙ってハックして、身の丈以上の成果を得る。

それを繰り返してきました。

Hack（ハック）するとはどういうことなのか？

歴史上の偉人たちのマンガが繰り返し僕に教えてくれたことこそが、世界をハックする方法です。

偉人たちから学んだことは、

1. 世界を違った角度から見つめ、他人が気づいていない規則性や法則に気づく
2. その規則性や法則を構成するシステムのスキマに介入する

というたった2つのステップでした。

ちなみに僕は、この方法だけで起業し、飯のタネとさせてもらっています。
何も、特殊能力を持っているわけではありません。
コードも書けない、デザインもできない、営業も下手だし、マネジメントが得意なタイプでもありません。

エンジニアでもない僕が、テクノロジースタートアップを経営し、世界の名だたる企業のデジタル戦略を一緒に考えるパートナーとして選んでもらっている理由は、この2つのステップの繰り返しを通じた言語化しづらい経験知が身についているからだと思っています。

世界を違った目で見ることで、世界を変える

「僕の仕事は、デジタルテクノロジーを使って事業を成長させることです」と説明すると「？」と最初は思われます。

　コンサルタントではないので、綺麗なドキュメントを納品することもほとんどありません。

　システム開発会社ではないので、言われた通りのシステムを開発することもほとんどありません。

　ただ顧客に伴走し、インターネット上にいるチームと組んで事業の成長に必要な仕事をしています。

　時に、

　デジタルトランスフォーメーションに向けた戦略を一緒に考えます。

　問い合わせを増やすためのウェブサイトのデザインの改善もします。

　チラシやパンフレットやプレスリリースなどの素材から、スマホで見やすくわかりやすい動画もつくります。

　金融機関のマイページの中を、ユーザーの行動履歴に応じてパーソナライズもします。

　いわゆるコンサルでも、デザイン会社でも、制作会社でも、開発会社

でもありません。

技術も、デザインも、動画などのコンテンツも、パーソナライズも、すべては事業を成長させるためのキモを見つけてハックしていくための手段にすぎないからです。

売上数兆円の大企業から、これから成長させる新規事業まで、これからのデジタル化する世界のビジネスで生き残っていくために、僕はグロースハック（成長をハックする）と呼ばれる方法を使って、事業成長そのものを一緒に実現する会社を経営しています。

それも全部社内で実行しているわけではありません。
それでは、規模の拡大に人材の採用が追いつかなくなってしまいます。

そこで、僕らはプラットフォームをつくり、そのプラットフォーム上に1万人以上のグロースハッカーと呼ばれる、エンジニア、デザイナー、データサイエンティスト、クリエイター、プロジェクトマネージャー、品質管理エンジニアなど、大勢のデジタル人材を抱え、様々な企業のプロジェクトに取り組んでいるのです。
そして僕自身も、そのプラットフォーム上の最前線で活躍するグロースハッカーなのです。

インターネットが世界を変えて、日常生活に必要不可欠になってきたので、

製造業であれサービス業であれ、

BtoBであれBtoCであれ、

デジタル上でどのように競争するのか？

今までの競争相手とまったく異なるプレイヤーと戦ったり、あるいは全然違う業界と手を繋いだりする必要が出てきています。

そのためにはデジタル上で戦えるチームをつくらないと間に合わない。

しかしそもそも、デジタルで戦うチームを今の会社の中につくることがどのくらいの時間で準備できるでしょうか？

日本企業の中で、専門家を社内で育成する体制を持っている企業は非常に少数です。

特にデジタル人材を社内で組織しようとすると様々な問題が浮上してきてしまいます。

エンジニア採用はどうやるの？

ジョブローテーションの中にどう組み込むの？

マネジメントをどうやればいいの？

ベンダーとの関係をどうしよう？

既存のシステムは……？

着手する前に考えないといけない問題が満載になり、どんどん実行が遅れてしまう、というのが、リアルな現場で起きていることです。

そこでわれわれは、

自社にエンジニアがいようがいまいが、
既存システムの制約があろうがなかろうが、
自社のウェブサイトにタグ（プログラムのコード）さえ入れれば、
パーソナライズされたユーザー体験を提供して売上を伸ばしたり、
動画を活用したわかりやすい表現で問い合わせを増やしたりできる、
クラウドのソフトウェアとクラウド上のチームを提供する、
という事業を行っているのです。

ある意味、既存の枠組みをすっ飛ばして自在にハックしていくためのプラットフォームをつくっています。

でも、あくまでもそれは手段で、大事なのは目的の設定です。

何でもできるから、何でもやればいいというわけではなく、何をしたいのか？　そのためにデジタルをどう使うのか？　を考えながら、様々な才能を巻き込んで実行まで支援していくのが僕の仕事です。

世界をHackして、事業を改善する事業

このようにして、500社以上の大企業のデジタル戦略の支援をしてきました。

毎年、50以上の経営会議に呼ばれて、ほぼ毎週どこかで経営チームと一緒にディスカッションをしています。

必要があれば、実行の支援もします。むしろ、こちらが会社としては本業です。

創業して3年間でお客様の売上を総計約2億ドル（約240億円／当時のレートで換算）増やしてきました。

最近では、こういうトラックレコードを集めていないので、いくら売上を増やしてきたのか見当もつかなくなってきています。

正しい目的と戦略の下に、
正しいKPI（目標達成度合いを測るための指標）を設定し、
正しく素早くトライアンドエラーを重ねれば、
こういう数字が出るのは、ある意味不思議なことではなく、むしろ当たり前のことです。

われわれは、GoogleやFacebookやAmazonなどのグローバルのプラットフォーム企業とも技術的な連携を開始しています。

なにせ見方を変えると、1万人以上のクリエイターを抱えるクリエイティブエージェンシーでもあるのです。
YouTubeやInstagramに日夜配信される動画広告やコンテンツを毎日たくさん制作しています。

広告だけではありません。
チラシからパンフレット、カタログやDMまで、これまで紙で印刷し、届けられていたコンテンツを動画にして、メールやLINEで送ったり、アプリの通知に出したり、サイネージに掲載したり、ウェブサイトに載せたり。

ウェブサイトだけではなく、駅ビルや、店頭のデジタルサイネージと、スマホを連動させる、なんていうこともやっていますし、タブレット端末で、営業マンや販売スタッフが説明する営業ツールを動画にする、なんていうこともやっています。

それも毎日大量に。

この一見、よくわからないKaizen Platformというスタートアップを創業し、日々経営に奮闘しているのが僕です。

そして、僕がこの本で伝えたいのは、別にあなたがエンジニアでなくても世界をハックすることができるということなのです。

普段のなにげない日常生活。

別にビジネスじゃなくてもいい。

スポーツだって、学校の成績だって、国や行政の仕事だって、何か得たい成果を高めようと思ったときに、この「世界をHackしよう」という考え方と方法が役に立ちます。

あなたを助けてくれる究極のスキルは何か？

それだけではないのです。

AIと呼ばれる、自己学習しながら賢くなっていく技術が、すでにいろんな分野に登場しています。

そして今後はもっと拡がっていきます。

前例主義で、単に作業だけをやっていく退屈な仕事の多くはなくなっていくでしょう。

冒頭に書いたように、

あなたの仕事は、

あなたの会社は、

あなたの産業は、

あなたの仕事人生よりも長く生き延びるでしょうか？

これから人生100年時代を生きるわれわれは、こういった問いと向き合い続ける必要があります。

そんなときに自分を助けてくれるものは何なのか？

もちろん友達や家族などのコミュニティは、大事です。

それ以外のスキルで自分を助けてくれるものは何なのか？

僕は、いつの時代でも普遍の究極のスキルが知恵だと考えています。

単なる知識は、ググればいいし、作業のスピードや正確さは、RPAやロボットには絶対に勝てないわけです。

会社の寿命は、30年から、半分の15年に、

人の労働寿命は、30年から、倍の60年になると言われています。[*1]

普通に考えて3～4回は、転職をすることになります。

そのときに同じ業態が存在しているかどうか？　はわかりません。

職種も職能も、これからは変化し続けないといけない可能性が高いわけです。

そんなときに活きるのが知恵です。

そして、僕が現代における知恵の一つだと思っているのが、このハックなのです。

*1　リクルートワークス研究所「職業寿命50年、企業寿命25年のキャリアづくり―テクノロジーがもたらす光と影―」より（https://www.works-i.com/sp/tech/sp/column01_01.html）

第２章

真の因果の見つけ方

観察、考察、推察、洞察という4つの察する力

ここまで読んで、「さて、よーし自分の目の前の課題をハックしよう！」と考えた方もいると思いますが、実はすべてのものがハックできるわけではありません。

前提として、規則性や法則がないもの、つまりルールがないものはハックできません。ですから、まずは既存のルールを知るということが大切なのです。

そして、ルールを知るために必要な最初のステップは、世界を疑うことです。

でも、世界を疑うとは具体的にどういうことをすればいいのでしょうか？
それには「観察、考察、推察、洞察」という４つの察する力が必要となります。

小学校の夏休みの宿題を思い出してください。朝顔の観察日記がありましたよね？　その日記をつける過程で先ほどの４つの察する力が登場します。

まずは対象を「観察」します。

観察ってどうやりましたか？　そうですよね。毎日の違いをチェックしていましたよね。「芽が出てきた」とか、「芽が昨日より伸びた」とか、「ツルが２段目の棒まで届いて巻きついた」とか。これは、昨日との違いを見つけていたわけですよね？　そうなのです。観察とは、変化を見つけることです。

次に「考察」です。

「昨日はつぼみだった朝顔が今朝咲いた」という観察から、「花は朝に咲くものなのだろうか？」という考察を書いたとします。つまり、考察とは観察から規則性や法則を導き出すことなのです。

そして「推察」というのが、考察によって導き出した規則性や法則の転用先を探すことです。

この場合、「朝顔は朝に咲く。ということは、すべての花が朝に咲くのだろう」と推察できます。

そうすると現実からのフィードバックがあり、「あれ？　朝に咲かない花もあるな」という気づきを得ます。そして考察の結果に戻って、「なぜ朝顔は朝に咲くんだろうか？」との問いから、「朝に咲く花は他にどんなものがあるのだろうか？」という推察になって、共通点から考察を深めて規則性を見つけようということになります。

つまり、この観察、考察、推察という行為は行ったり来たりしながら、それぞれが導き出す“変化”“法則”“転用先”の精度を高めていくことになります。

最後の「洞察」は、観察・考察・推察を同時に行うことで、目の前で現実に起きた事象とまったく異なる因果関係に気づくことを言います。

「朝顔の花が朝に咲くということは、きっと朝に活動する虫が受粉を助けているか？　虫の助けがいらないか？　のどちらかだろう」
というのが洞察です。

花の花粉を運ぶのが虫であるという法則を知っていれば、「きっと花の開花時間は、その花粉を運ぶ虫の活動時間と合っているんだろう」という推察ができます。

また、朝に活動する虫は意外と少なそうだなといった別の推察ができると、虫の助けがいらない花である可能性にも気づくことができます。
事実、朝顔は花があるのに自家受粉できる花です。これが洞察です。

『ビリギャル』を書いた坪田信貴さんの、『才能の正体』という本の中で、「仕事の才能」は「洞察力」であると書いてありました。

この洞察力というものが、他人との仕事に大きく差をつける要素になっている、と様々なシーンで僕自身も感じます。

観察、考察、推察、洞察。目の前の課題をHackするための第一歩として、ぜひこの4つの力をフル活用してルールを見つけてみてください。

ニュートンはなぜ万有引力を発見できたのか？

さて、万有引力を見つけたニュートンを勝手に想像しながら、彼がどんなステップで世界をハックし、万有引力にたどり着いたのか？　について考えてみたいと思います。

なお、これから書くことはあくまで僕の想像です。

真実が仮に違っていても、違うじゃないか！　と怒らないでください。

リンゴが木から落ちるのを見て万有引力を発見したというのが、よく知られているストーリーですが、凡人の僕からすると嘘だろ？　と思うわけです。

そんな洞察力ある？　と。

なので、もう少しわかりやすく分解して想像してみましょう。

まず、リンゴが木から落ちる。

これは、多分ニュートンでなくてもずっと前から人々は観察して知っていたことだと思います。

ニュートンが素晴らしかったのは多分ここからです。
「何で、リンゴもドングリも地面に落ちるんだろう？」
と考察します。

そして、いろいろなものを落とし始めます。
「あれ？　この落ちるってどういうことなんやろか？」（観察）
「そもそも、俺も転ぶしな」（観察）
「つまずいて転ぶちゅーことは、引っ張られてるんちゃうか？」（考察）
「地面とリンゴがお互いに引っ張り合ってるって考えるとどうやろ？」（推察）
「多分、重いほうが引っ張る力強いんちゃうか？」（考察）
「そう考えると重いものって何やろ？　……あ！　月があるやん！」（観察）
「あれも地球と引っ張り合ってると考えるとどうなるんやろ？」（推察）
「ほなちょっと計算してみよか！」

という感じで、考えていったんじゃないか？　と勝手に推察してみます。

ここで彼がすごいのは、落ちるという言葉を、引っ張るという言葉に切り替えたところです。

これによって、落ちるという片方に一方的に落下していくイメージから、引っ張るという綱引きのように両方から引き合っているイメージに変わります。

言葉を捉えなおすことで、新たなイメージが湧いてきます。

そうして天体も引っ張り合っている、という一つの法則が宇宙ならばどこでも働いている、という形で提示できたわけです。

当時、重力自体の存在は認識されていたのですが、天体運動は別の問題と考えられていました。

それが一つの物理法則で説明されたのです。

そして同時に、地球が物体を一方的に引くのではなく、すべての質量を持つ物体が相互に引き合っていることと、天体もまた質量を持つ物体の一つにすぎないことも提示したのです。

「law of universal gravitation 万有引力の法則」という表現は、たった一つの法則で宇宙の出来事を表現できることを表しています。

つまり、世の中の人が当たり前だと思っていることにしっかりと疑問を持ち、不思議だなと思う気持ちを持ち続けたことが、科学史史上最大の発見と言われる万有引力の発見に繋がったわけです。[*1]

子供のときの好奇心「Sense of wonder」を取り戻す

世界を疑う、その根底にあるのは「好奇心」です。

誰しも子供の頃、「なぜ？」「なぜ？」を繰り返して、親を困らせたことがあると思います。

あの疑問を、大人になるといつしか忘れてしまいます。

知識と言われるものによって疑問への解答が得られ、好奇心が失われていくからです。

ただ、これからの時代はこれまでの知識が通じない可能性が高いわけです。

そもそも疑問があればググればいいわけですから、多少人より知識があってもGoogleに勝てる人間は存在しないわけです。

むしろググる手前に存在する良質な問いのほうが重要になってきます。

そうすると、まさに子供のときに感じていた、あの「なぜ？」「なぜ？」という好奇心が必要になってくるわけです。

『沈黙の春』という本で、農薬などの化学物質の危険性を、鳥が鳴かなくなった春という出来事を通じて告発したレイチェル・カーソンの別の著書に『The Sense of wonder』があります。

この本には、4歳のロジャーくんという姪の息子と一緒に、メイン州の森や海辺に出かけては、大自然や小さな生命の驚異を楽しんだ話が書かれています。

彼女は、神秘や不思議さに目を見張る感性のことを「Sense of wonder」と名付け、大人になると決まって到来する倦怠と幻滅や、繰り返しにすぎない人工的な快楽に対して、常に変わらぬ解毒剤になってくれるものだと説明しています。

60年代に環境問題について一石を投じた稀代の生物学者が、生涯をかけて感じた「かけがえのないもの」を、何とか次世代に残しておきたいと書き留めていた原稿が、この『The Sense of wonder』なのです。

まさに、この「Sense of wonder」こそが「世界を違った角度から見つめる」ときに必要になってくるのです。

ちなみに、先ほどの、朝顔がなぜ朝に咲くのか？　を追究した日本の女子高生が米国で研究成果を発表するというニュースが報じられました。彼女が朝顔のメカニズムに興味を持ったきっかけは、まさに小学校6年生のときにつけた朝顔の観察日記だったそうです。

「Sense of wonder」を追求していくと、世界も変えられるという好例と言えるのではないでしょうか？

好奇心を忘れずに、観察・考察・推察を繰り返し高めていくことで、洞察力というものは高まっていくのだと思います。

つまり世界を疑うとは、まっさらな気持ちで対象を観察し、考察し、推察し、洞察することで、自分自身の世界観を再構築していくことに他ならないのです。面白いですよね。

世界を疑ったところで、実際の世界はおそらく何も変化しないのです。朝になると日が昇って、夕方、日が沈んでいく。日常の変化など何も起きません。

朝起きて世界が変わっていることなど、ないのと同様です。

でも、なぜ歴史上の偉人たちは世界を疑うことから世界を変えられたのでしょうか？

世界を疑うということは、自分自身の持っている世界観を疑うことです。そして、自分の世界観を疑うことで、新しい規則性や法則を発見し、それが拡がっていくことが世界の世界観を変えることに繋がっていくのです。

つまり、うまくいくハックは、勝手に普及していくくらいのインパクトを持っているということです。

なぜ取り組むべき問題を間違えてしまうのか？

僕たちは、結果について一喜一憂してしまいます。

しかし、その因果関係について疑う人は驚くほど少ないのです。

あの人は、頭がいいから、あの人は、仕事ができるから、あの商品は、素晴らしいから……。
それは本当なのでしょうか？
その出来事は、本当にそのような因果関係によって成り立っているのでしょうか？

もう少し正確に、その因果関係を解いてみるだけで、成果は劇的に変化していきます。

例えば、多くのヒット商品はなぜヒットしたのか？　を考えてみましょう。
価格が安いから。
品質が高いから。
いろんな理由があるように思いますけれど、一つ大きな理由に、
良い棚を長い時間確保できているから。
というものがあります。

これって原因と結果が逆のように思いますよね？
良い商品だから良い棚が取れたんじゃないのか？
でも、本当にそうでしょうか？

皆さんも、店頭の良い場所に置いてある商品は良い商品なのだろうと思って手に取ったことはありませんか？

あるいはECサイトのランキングのページからものを買ったりしたことはありませんか？

アプリのランキングに入るためのアフィリエイトやブーストという施策があります。

これらは、短い期間の中で一定のダウンロード数を稼ぐことで、先に良い棚に入ってしまうという施策です。

書籍なども、Amazonのランキングに入ることで販売が加速します。

このように、先に良い棚を確保することで、ヒット商品への近道を切り拓いてしまうという方法があります。

売れるから良い売り場か？
良い売り場だから売れるのか？

実際に僕は、実験したことがあります。

リクルートという会社に入社して1年目のとき、マーケティング局という部署に配属されました。

情報誌をどれだけ読者に販売するか？　というマーケティングの仕事が最初の仕事だったのです。

そのとき、複数の書店に協力していただいて、平積みと面と差しで、それぞれどのくらい売れ行きが変わるのか？　を実験したことがあります。

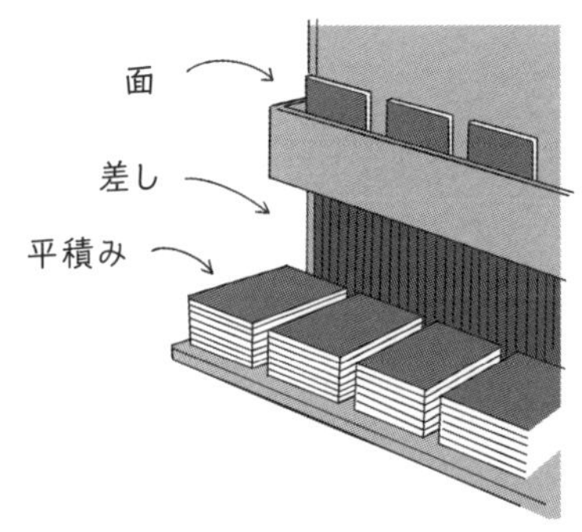

その結果、差しを1としたときに、面が1.5～2倍、平置きが2～5倍売れました。

もちろん同じ商品です。

つまり、売れる雑誌が売れるというだけでなく、良い売り場が売れる雑誌をつくり出すという側面があることがわかりました。

逆の因果関係も存在するということです。

では、平置きになるためにはどうしたら良いか？

単純です。

搬入部数を増やせば良いのです。

売れる号、売れる時期の印刷部数を増やし、搬入部数を増やしました。

ただ、取次は返品率を気にします。

そこで、キャンペーンを企画して、アクリル台をつくり、長期でフェアをやりました。

3号連続で、20部以上注文していただいた書店にアクリル台を送る。

そのアクリル台があると、長期間の平置きが確保しやすくなります。

売っていただけたら、販売奨励金を出すインセンティブもつけました。

実際に、どうなったか？

売れました。通常の3倍程度です。

興味深いのが3号連続キャンペーンが終わった後も、1.5～2倍売れ続けたことです。

良い売り場を確保することで、売れる雑誌という実績がつくれたので、良い売り場に置いてもらい続けたのです。

その結果、キャンペーン対象店舗と対象外店舗を比較してみると、前者の方がキャンペーン終了後も後者より、平均で12ヶ月間の長期にわたり、売れ続けました。

さて、最初の問いに戻りましょう。

あの人は、頭がいいから　あの人は、仕事ができるから、あの商品は、素晴らしいから……。

それは本当なのでしょうか？

その出来事は、本当にそのような因果関係によって成り立っているのでしょうか？

商品を変えなくても、予算の総額を変えなくても、販売部数を大きく伸ばして売れる商品にすることができました。これがハックです。

良い棚を長く確保すれば（原因）、ヒットする（結果）という因果関係が見えてくると、この因果関係を利用して、ほしい結果を得るための策を練ることができます。

因果関係を解いて、そのスキマをうまくハックすることで、結果そのものを変えに行くことができるのです。

Hack（ハック）するためにはアンバランスこそ重要

ある一点を突いて、そこに200%の持てる力を投入することで、モノゴトをひっくり返してしまう、閉塞感漂う状況を打破する、そんなことを実現するのが、このHackの目指すところです。

これはある意味、リスクを取って偏らせるということです。

加速するためには、スキマを見つけ思い切って踏み込む勇気が必要です。

ただし、本当にリスクを取ってはいけません。

一見リスクのように見えるけれども、たいしたリスクではない、ないしはそのリスクをコントロールできる、ちょっとした策を用意して仕掛けます。

それがハックするということです。

どんな大企業でも、その強みや規模が競争を有利に運ぶルールであり続けるかどうか？　は誰にもわかりません。

あのAmazonのジェフ・ベゾスですら、「Amazonはいずれ破産する」とコメントしています。

そう、ある日突然ルールが変わる時代です。

多くを持たない弱者にも、多くを持っている強者にも、誰にとっても、世界をハックする知恵が必要になっているのです。

どうやってその「スキマ」を見つけ、どうやって「仕掛ける」か？　について、この後お伝えしていきたいと思います。

あなたが悪戦苦闘している問題は、果たして本当に問題なのか？

かのドラッカーが1966年に著した『経営者の条件』の中でこう書い

ています。

「注意を引く問題は、実際は症状の一つにすぎないと考えなければならない。そして本当の問題を探さなければならない。単に症状だけの手当てで満足してはならない」

このように、単に症状を叩いても別の問題が発生するだけだというのは、ビジネスの世界でもよく言われることです。

冒頭にお話ししたエレベーター問題ですが、様々な企業がこの問題に取り組んでいます。
実際に、ある大企業ではオフィスビルの移転の際に従業員にアンケートを取って、エレベーターがなかなか来ないことへの不満が最も多かったため、エレベーターだらけの自社ビルを建てたそうです。

しかし、エレベーターのスピードも速くしたことで、具合を悪くする人が続出、また、エレベーターホールに大きなスペースを割くことになってしまい、執務スペースが足りなくなったため近くのビルにオフィスを借りていると聞きました。これこそまさに、症状を叩いて別の問題を発生させてしまうという好例だと思いました。

ここで「洗濯機の振動問題」について一緒に考えてみようと思います。

品質工学という生産活動を効率的に行う開発技法をご存知でしょうか？

考案者の田口玄一さんの名を冠してタグチメソッドとも呼ばれており（TM と略される）、特に海外ではこちらの呼び方が一般的です。

物づくりの世界で、品質による社会的トラブルが頻発していました。

もぐら叩きのように管理が後手に回る再発防止型の生産活動によって、さらにまた別の問題が勃発するという袋小路に陥った中で、品質を高めるためには、**「社会全体の生産性」が重要**だというところに着目した技法です。

その品質工学の中で有名なのが、「洗濯機の振動問題」というエンジニア向けのテストです。

ある洗濯機で、振動が問題になった。
何を測定すると、この振動問題は解決に向かうか？

さて、これを解くにはどのように考えていけば良いのでしょうか？

思わず「振動を測定すれば良い」と答えたくなってしまいます。

振動を測定して対処すると、振動は抑えられるかもしれませんが、騒音が起きたり、発熱が起きたりといった別の問題が起きてしまう可能性があります。

そうすると、「騒音を測定すれば良い」とか「発熱を測定すれば良い」とかいろんなアイデアが出てきますが、まさにもぐら叩きのように次々に問題を設定しては解決するという構造になってしまいます。

この問題に取り組む前に、そもそも洗濯機とはどのような構造を持つシステムなのかを考えてみます。

すごく単純化すると、“電流を入れてそれをモーターによってドラムの回転運動に変えて衣服の汚れを落とす”機械です。

なので、この機械への、“インプットは電流”で、“アウトプットはドラムの回転運動”ということになります。

振動が起きている状態というのは、インプットした電流の力が振動という形で逃げてしまい、うまく回転運動に転換できていないという状況です。

同様に、騒音や熱も、インプットされる力が熱や騒音という形で無駄になってしまっているという状況です。

入ってくる電流を最も効率よく、ドラムの回転数に転換できていれば、こうした無駄は発生しない＝最も生産性が高い状態というのは、品質が高い状態ということになります。

つまり、この問題の答えは、

> 洗濯機に入る電流とドラムの回転数の関係を測定すると問題が解決に向かう

ということになります。

問題を正しく把握するために、システムのスキマを見つけるために、重要なのは、あるべき姿から考えるというアプローチです。

ちなみに冒頭のエレベーター問題ですが、最近のエレベーターは時間帯により何階から何人くらいが乗るかを予測したり、来ない時間が長くなると待ち人数が増えるなどの予測ロジックを持っていたりするそうです。これは未来データを加味したほうが、より良く最適化できるためです。

ところが、急いでいるのになぜエレベーターは来ないのか？　渋滞が起きるのか？

これには、数字に現れない様々なことが起きているのが実態です。

・友達が来るのを待って開ボタンが押され続けている
・スペースに余裕はあるが、自分が最後に重量オーバーのブザーを鳴らすのを避けようとして次を待っている
・スペースを詰めず定員まで乗っていない
・全階のボタンがいたずらで押されている
・誰かがドアに挟まった　など

そう考えていくと予測ロジックよりも、「もう一歩奥に詰めてください」という声がけやポスターのほうが大きな成果をあげるかもしれないですね。

数字に見えないところで計算外の事態が起きている可能性があるということを頭の片隅に置いておくことが、因果関係を解く大きな一歩になってきます。

具体的に行動に移すための皮膚感覚としての知恵

さて、世界をハックする方法について、具体的にお伝えしてきました。

でも、これだけでは実際に行動に移すにはまだ心許ないと思います。

そこで、僕が物心ついてから二十数年にわたって、実生活の中で悩み考えながら血肉としてきた皮膚感覚としての知恵を、それぞれ“視点”“方法”“勇気”の3つの引き出しに分けて皆さんと共有したいと思います。

皮膚感覚なので言語化するのがとても難しいわけですが、あなたを取り巻く世界をハックしようと思ったときに、引き出しは多いに越したことはありません。

知恵の引き出しをたくさん持って、世界をハックしてもらえたら嬉しいです。

*1　イギリスの天体物理学者マイケル・ハートは、1978年の自著『歴史を創った100人』(The 100: A Ranking of the Most Influential Persons in History)で、歴史への影響度について、イスラームの教祖ムハンマドが1位、アイザック・ニュートンが2位、イエス・キリストが3位、仏陀が4位だ、と述べています。

第３章

〝視点〟の引き出し

3つのメガネをかけ分ける

さて、最初は“視点”の引き出しです。

モノゴトの見方の引き出しという意味ですが、世界を違った角度から見つめると言っても、どんな角度から見れば良いのか？　は一朝一夕には考えても出てきません。

結局モノゴトの見方にもパターンがあるわけです。

それを知ることから始めたいと思います。

有名なのが鳥の目・虫の目・魚の目という3つの視点です。

・鳥の目：高い視点、広い視野、全体観

・虫の目：深い視点、狭い視野、詳細把握

・魚の目：流れを読む、客観、相対性、大局観

この3つのモノゴトの見方があるということを理解しておくだけで、視点の幅が拡がります。3つのメガネをかけ分けてモノゴトを見るというイメージです。

それでは、この3つの視点を持ちながら、次の問いにあなたならどうやって考えて、どのように答えるか？　を考えてみてください。

あなたは中学校2年生です。

中学生の身の周りにあるものと中学校で学ぶ知識だけを使って、最強のビジネスモデルは何か？　答えを出しなさい。

教科書に学ぶ最強のビジネスモデル

実はこの問いは僕の実体験に基づくものなのですが、中学校２年生の頃、個人的に大きな事件がありました。

会社員だった父が会社を辞めたのです。

部活を終えて「ただいまー」と家に帰ると父親がいるというのは、なんとなく変な空気が漂うものだとそのときに知りました。私立の中高一貫の進学校に通わせてもらっていた僕は、家計の負担を考えて高校進学を諦めて、社会に出て働こうと思いました。

そのときの担任の先生と両親に高校には行きなさいと強く勧めてもらったことで、結果としては普通の中学校生活へと戻りましたが、社会に出ようと思ったときに、自分はあまりにも社会のことを知らないということに愕然としたのを今でも覚えています。特に、

お金を稼ぐということは何なのか？

儲けるとはどういうことなのか？

それらの問いがその後、僕の頭に強い興味として残りました。

儲かるには何か仕組みがあるはずだという直感から、お金を稼ぐ最強

の仕組み（ビジネスモデルという言葉は当時知りませんでした）は何なんだろう？　ということを、中学校３年生の約１年間をかけて、調べていきました。

どのように調べたかというと非常に単純で、教科書をとにかく読んでいくことにしたのです。

身の周りにあった中で、経済に関連することが一番書かれていたのが、**歴史の教科書**でした。僕は、世界史を専攻していましたので、世界史には経済に関係することが結構出てくるわけです。

例えば、大航海時代に複式簿記ができたとか、オランダのチューリップバブルとか、ロンドンのコーヒーハウスで通信社と保険が誕生するなんていうことは、世界史の教科書にも出てくるわけです。

そうして、世界史の教科書を読み込んでいると、あることに気づきました。

戦争が起きるときは、いつも大きな利権が絡んでいる。

つまり、最強のビジネスモデルは戦争の原因になっているはずだと考えたのです。

そうして、15歳の僕が導き出した最強のビジネスモデルが、「宗教」「賭博」「資源」「国家」の４つでした。

ビジネスモデルとして優れているとは何か？

それぞれをビジネスモデルとして見たときに、何が優れているんだろう、と考えたのが次の４点でした。

宗教：人の信仰心に根ざしているため、人がいれば市場開拓が可能

賭博：人の欲や中毒性に根ざしているため、こちらも人さえいれば市場があるのと同義

資源：地球に存在するものを採掘しているので原価がタダ

国家：生活の中で当たり前にあることやものに税金という名の手数料をかけているので、頑張らなくても売上があがる

つまり、

・市場成立のハードルが低く、

・裾野が広く、

・原価がタダみたいなもので、

・普通の生活の中に当たり前にあることやものに手数料がかけられる

ことが重要なんだ、という考えに至りました。

こう考えてみると面白いですよね？

例えば、ブランドやタレントは新しい信仰心と見ることができるかもしれませんし、ゲームやメディアは新しい中毒と見ることができるかもしれません。

金融派生商品やビットコインは新しい資源かもしれませんし、Android や iPhone や Amazon などのプラットフォームやフランチャイズビジネスというのは、ある意味植民地ビジネスの新しい形で、その上での取引に税金をかけていると捉えることもできるかもしれません。

実は、今でも僕自身が新規事業を考えるときには、この4つの切り口を必ず考えるようにしています。

もし、今の時代の新しい信仰心があるとしたら何だろう？
もし、今の時代の新しい中毒があるとしたら何だろう？
もし、今の時代の新しい資源があるとしたら何だろう？
もし、今の時代の新しい税金があるとしたら何だろう？

中学生の頃と今の考え方がたいして変わっていないことが少し残念な気もするんですが、このとき歴史の教科書を読みまくって考えたことは今もビジネスに活きているわけです。

面接で話した「リクルートの売上を3兆円にする方法」

それから6年後、実際に社会に出ることになります。

だいぶ昔のことになりますが、氷河期と言われる時代に就職活動をしました。

「リクルートの売上を3兆円にしたいと思っています」

と明るく面接で話しました。

当時リクルート単体の売上は確か3000億円くらいでした。

当然、どうやって10倍にするのか？　が大事なわけなんですけれど、学生ながらなかなか良いことを言っていたように思います（と自分で言うとあまり価値がないですけれども）。

「リクルートは、今やっている事業をメディアだと思っているけれど、僕は3つのことをやるべきだと思っている。1つ目は、決済。2つ目は、マイクロクライアントの獲得。3つ目は、個人情報の売買。それぞれ1兆円くらい売上をあげられるはずです」

これが、僕が思う今のインターネットの面白さに繋がっています。

決済の重要性

当時リクルートでは、じゃらんで宿の紹介などをしているのになぜか予約の際に決済をカードでできませんでした。ホットペッパーも同じようにウェブで飲食店の予約はできるけれど、決済はできませんでした。正直、学生ながらその意味がわかりませんでした。

免許の問題だとか、後でいろいろと説明されたのですが、やっぱりよくわかりませんでした。

絶対に決済を押さえるべきだと思ったからです。特に少額決済。そこを押さえ、住宅購入とか結婚など、人生の中でも高額な出費を伴うライフイベントの情報提供も事業として持っていることを活かして、ローンなどの金融事業まで拡げていくべきだと思っていました。

ゆえに、当時の僕には別に法律の知識があったわけではなかったのですが、クレジットカード会社と銀行を買収すべきだと考えていました。そして、今この戦略は楽天やヤフーが展開していますよね？　僕が入社した３年後くらいだったと思いますが、楽天の戦略を見て、ああこれは面白いなと思いました。

今でこそ、物販とサービスの予約は、同じようにｅコマースの一部として扱われていますが、当時は異なる領域のように扱われていました。そして、現在ではｅコマースとポイントとクレジットカードというのが、流通総額を増やしていくための３つのキードライバーになっています。

そしてこれらの積み上げが、今僕がFinTechが面白いと思っていることに繋がってきます。

今、僕たちはお金を媒体としてものをやり取りしていますが、これは歴史から見るとごく最近の出来事にすぎません。

『21世紀の貨幣論』(フェリックス・マーティン著)という本に書かれていますが、通貨は進化の過程で取引履歴を切り離すことに成功しました。ただ、情報ビジネスをやっている立場からすると、最も面白いのはこの取引履歴のほうなんですね。

誰が、どこにお金をいくら支払い、何を買ったのか?

この情報は、とてつもなく面白いです。

ホテルに家族と行くけれど、同一人物が彼女と旅館に行く。

それぞれ文脈が違うし、そこから派生する消費も全然違うわけです。

決済自体は、大変地味な事業ですが、このやり取りの履歴が宝の山だと思いました。

今話題になっているFinTechも、僕の目には、この履歴をどうマネタイズするか? という別のゲームのように見えています。

これまでの銀行の与信能力で見れば与信できない人にお金を貸し出せるようになるかもしれないし、これまでクレジットカードの手数料率が高い小規模小売店に低い料率で提供できるかもしれないし、保険料率をリーズナブルにできるかもしれないし、精度の高い広告を打てるかもしれない。

通貨の進化の過程で切り離してきた取引履歴そのものに焦点が当てられ、それをどうマネタイズするか? という競争だと僕自身は見ています。

今までは、コストの関係で十把一絡げで審査したり、利率を定めていたりしたものを、細かくかつより高い精度で実現できる。これらが、イノベーティブなのだと思っています。

話を元に戻すと、この決済を真面目にやることで、別のマネタイズがたくさん見えてくるのです。それを情報ビジネスの観点で見て、やらないほうがおかしいなと思ったわけです。

それが、15年前の僕が素直に思っていたことでした。今リクルートでは、ポイントやクレジットカードを他社と提携してやっていますが、本命は決済だったんじゃないかなと今でも思っています。

マイクロクライアントの台頭

15年前のリクルートの広告商品で最も安かったのは、フロムエーだったか住宅情報賃貸版だったかで10万円くらいだったと思います（この辺はうろ覚えです。ごめんなさい）。

でも、普通に考えたら高いなと思いました。

町の花屋さんとか、魚屋さんでも出せるくらいの広告があるべきだと思ったのです。3000円とか、なんなら数百円から出せてもいいなと思いました。

そのくらいになると、取引できる顧客数の桁が増えますよね？ 20

万社くらいの取引先が10倍くらいにはできそうだなと考えていました。
でも、もっと大きいのは、そこまで単価が下がると個人でも取引できることかもしれないと考えました。

昔、『じゃマール』という個人間取引をする紙メディアがあって、超絶に面白かったのです。それはインターネットの時代にこそあるべきだと思いました。今で言うと「メルカリ」です。
マイクロクライアントというのは、究極的に言えば個人になってくるわけです。

今流行しているCtoCとかシェアリングエコノミーというのは、すべてこのマイクロクライアントを相手にしたビジネスと見ることができます。
個人間の物々交換やサービス提供を簡単に実現できるのがインターネットです。

そこで僕は、リクルートでは企業よりも個人と取引する金額のほうが伸びていくのではないかと考えました。企業も分解していけばマイクロクライアントになるわけです。このマイクロクライアントが台頭してくるということが、今まさに起きている変化なんじゃないかと思っています。

さらに言えば、IoT（Internet of Things)、ドローン、自動運転車というのはすべてロボットと認識すべきで、AIはそこに乗っかる技術だと考えると、それらはすべてマイクロクライアントになる可能性があります。

将来われわれは、ロボットと取引をしているかもしれない。

最近のテクノロジーを見ていると、将来そうならないほうがおかしいかなとすら思い始めています。

個人情報を積極的に売れ!

これは、さすがのリクルートでも眉をひそめられました。

リクナビという圧倒的な通過率を誇るメディアを持っていたから、この会員情報をレバレッジすべきだと思ったんです。ただ、その意見は若者の幼稚な主張という受け止められ方をしましたし、事実そうでした。

その後の個人情報保護法など一連のプライバシーにまつわる問題でどんどんこれは難しくなっているかのように見えますよね?

ただ、ターゲティング広告、レコメンデーション、パーソナライズ、ジオターゲティング広告など標準化された広告技術、マーケティングオートメーション、DMPなどの名寄せのテクノロジー、それだけではなくソーシャルメディア、音楽やマンガや映像などのコンテンツ配信サービス、アプリマーケット、Uber(ウーバー)やAirbnb(エアビーアンドビー)などのシェアリングサービス、先述のFinTechなど、最近のインターネットビジネスはすべて個人情報を違う形でマネタイズに利用していると考えたほうが個人的には自然に思えます。

個人情報を、そのまま販売するともちろん問題ですけれど、別の形でマネタイズするのが最近の主流で、これは今後もそんなに変わらないのではないかなと思っています。

ヘルステックなど、センサー系の技術も、個人情報と紐付けて別の形でマネタイズするというビジネスである、と捉えたほうが正しい理解なのではないかなと思うのです。

そしてこれらのすべては、何を示唆しているか？　というと、「個人」へのパワーシフトが起きているということだと思うのです。今改めて言う必要はないかもしれないですけれど、決済も、マイクロクライアントも、個人情報も、すべてが「個人」へのパワーシフトを象徴していると考えています。

未来を予測する方法

ということで、中学生の頃に初めて、社会の仕組みについて知らなければと痛烈に焦ってから、7年知恵を絞り続けると、大学生でもこういった未来予測はできるようになります。

その後リクルートに入社して10年、起業して6年、合計20数年にわたって、僕はこれらのテーマについて折に触れて考えを深めてきました。

そして、ここまで読んでいただいた方は、もうおわかりだと思いますが、社会に出て実際に仕事をしたり、逆に社会人経験がなかったり、あるいは仕事を直接は手がけられなくても、やってみて失敗しても、考えを深めていくことはできるんですよね。

今この瞬間もそうです。

仕事とまったく関係がなくても、僕はFinTechが大好きですし、歴史にも興味津々（しんしん）です。そして、その業界でなくても、専門家でなくても、結構深い話をすることもできます。

いい質問ですね、と褒めてもらうこともできます。

例えば、仮想通貨ビジネスについて話題に上った場合、たとえ仮想通貨ビジネスの経験がなくとも、まずはそのルールを理解するために似たようなものを歴史を遡って探します。

すると、仮想通貨はチューリップバブルの流れと似ている、ということに気がつきます。

チューリップバブルとは1600年代にオランダで起こった、世界最初のバブル経済事件です。オスマン帝国から輸入されたチューリップの球根が人気を集めた結果、球根の価格が異常に高騰。しかし、突然球根の価格はピーク時の100分の1以下にまで下がり、経済は大混乱に陥ってしまったという事件です。

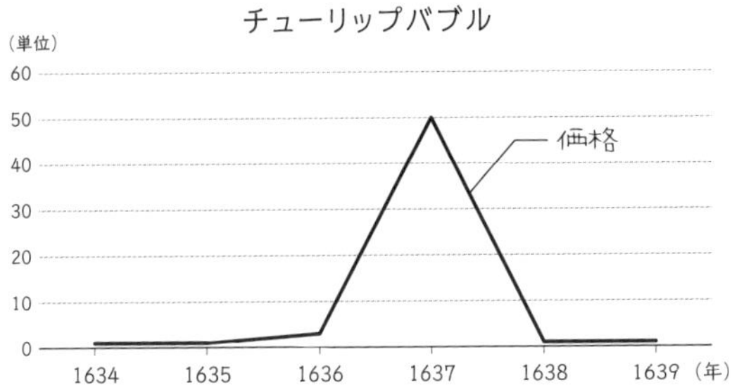

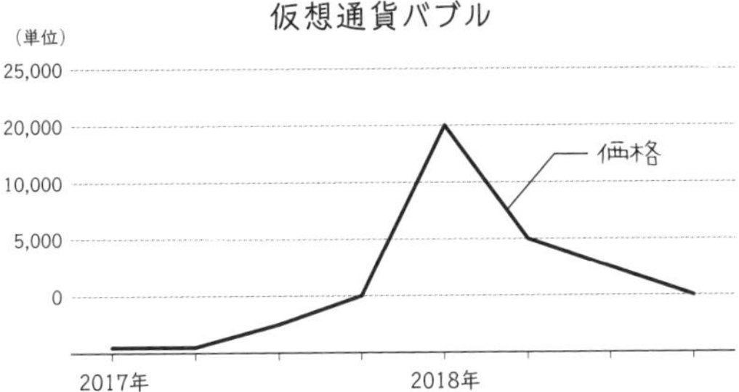

この一連の流れを見ると、ある程度仮想通貨の行く末が予想できるので、想定しうるリスクに対してあらかじめ立てるべき対策を提案することができます。

いつも未来に向けて考えるとき、新しい技術やトレンドを**点で捉えるのではなく、線で捉える**ようにしています。

そのために、歴史の流れをとにかく勉強して、引き出しをいっぱい持っておくようにしています。

まさに温故知新とは、昔の人はうまく言ったものですよね。

この歴史を振り返るときにも、鳥の目・虫の目・魚の目は有効です。

いろんなフォーカスを持って、長い人類の歴史を眺めると、必ず今あなたが問題としているモノゴトに似た形の問題に奮闘していた人たちが浮かび上がってくるはずです。

ただその人たちの真似をするわけではなく、なぜうまくいったのか？ なぜうまくいかなかったのか？　を考えることで、単なる知識から知恵に昇華させ、自分自身の引き出しにすることができるのです。

このように、単なる知識で終わらせないということが重要で、知っているだけだと単なる物知りな人で終わってしまいます。

学校の勉強だって無駄にはならないのですが、知識を実生活に活用するための知恵として再構築することで、必ず今のあなたの助けになると思います。

僕の実感値ですが、点から線を浮かび上がらせるための手がかりは、別に歴史を勉強するだけではなくて、恋愛も子育ても、恥も失敗も、とにかく人生のすべてが役に立ってきました。

無駄なものは一つもない、とはまさにこのことです。

自分の人生の歴史の中にもヒントが必ずあるのだと思います。

未来を予測する近道みたいなものがあればいいなあとも思うのですが、いつも目の前のことに自分の人生をぶつけて、どんな線が浮かび上がるかを丁寧に拾い集めていくという方法しか、今のところ見つかっていません。

ただ、個人的に好きなので多分にこじつけもあるんでしょうが、本を読み、歴史をたどり、アートに学び、人に教わり、それらを自分自身の理解の入り口とすることで、未来が考えやすくなるような気がしてならないのです。

第４章

〝方法〟の引き出し

構造とメカニズムを理解する

モノゴトの“視点”の引き出しに続いて、“方法”の引き出しの話をしたいと思います。

実際の仕事や生活で最も役に立つのがこの“方法”の引き出しです。

ハックを仕掛けるのは構造に対してです。

その構造、メカニズムをよく理解しておくことで、取れる策の幅が拡がってくるのです。

手段をたくさん引き出しに持っておくことはトランプのカードをたくさん持っていることと似ています。様々なカードを持っていることでゲームを有利に運べますよね？

“方法”の引き出しをあなたが持っているだけで、切れる手札が、選択肢が、増えるのです。

ここではその“方法”の引き出しを、「言葉・身体性・お金と時間・組織・認知」の５つに分けて紹介します。

言葉のHack（ハック）

「初めに、ことばがあった」

から始まるのが新約聖書のヨハネによる福音書ですが、まさに人間は言葉ですべてのモノゴトを理解します。

ある文化において、それを表現する言葉がない場合、その概念を理解する術がありません。

ルートヴィヒ・ウィトゲンシュタインというオーストリアの天才哲学者がいました。

通称、哲学を終わらせた男。

文字通り天才で、哲学者にもかかわらず、生涯で一冊しか哲学書を出版しなかった。

その本が『論理哲学論考』。

そこにこう書いてあります。

「僕の言語の限界は、僕の世界の限界を意味する」と。

つまり、自分が言葉で説明できないのであれば、そのことを理解することはできないということである。

そして、「語りえぬものについては、沈黙しなければならない」と結論づけている。

つまり、どんなに考えても言葉にできなければ無駄だよ、と。

言語は、その文化の人がどのように世界を見ているか？　という世界観を表しています。

逆に言えば、その言葉をハックすることで世界観そのものを変えてしまうこともできるわけです。

先ほどニュートンの話をしましたが、まさに引っ張る力と定義したことで、質量を持つ物質が相互に引き合うという概念に展開できたのです。
自分の中で展開できただけでなく、他人に概念を説明しやすくなったのです。

つまり、これまでの偉大な発見や発明は言葉の歴史でもあるわけです。
われわれはこれをどのように実生活に活かしていけるでしょうか？

キング牧師の演説の真相

キング牧師と言えば「I have a dream（僕には夢がある）」というスピーチがよく知られています。
1963年のワシントン大行進のスピーチで語られた言葉です。
このスピーチこそ、人を動かすワードが散りばめられていて、明確なビジョンを多くの人の頭の中に共有させることに成功した好例です。

リンカーンのゲティスバーグ演説やケネディのMoonshotもそうですが、まさにソーシャルアクションは言葉をハックして人を動かすことがとても重要な領域だということがわかります。
ただ、ソーシャルアクションだけではないですよね？
ビジネスであればプレゼンテーションの場がありますし、カンファレンスでの講演のシーンもあります。
学問であれば学会でのスピーチや、スポーツにおいても試合前のブリーフィングや円陣を組んで話す機会があると思います。

こんなときに重要なのが、
問いの設定とワーディングです。
人を動かすには、問いそのものの設定がとても重要なのです。

誰もが共感できる、普遍的・根源的な欲求をくすぐる問いを設定できるかどうか？　にかかっています。

ぜひ下記のURLにアクセスして見てほしい動画があります。

これはアルゼンチンの首都ブエノスアイレスのラ・ボカ地区を本拠地とするサッカークラブチーム“ボカ・ジュニアーズ”のU-15のキャプテンが、試合前にチームメイトたちに対し奮い立たせる言葉を送る様子を撮った動画です。心の底から発している言葉に胸を熱くさせられます。

自分たちの今年一年を振り返ってみよう

ブエノスアイレス出身のみんなは
毎朝遅れないよう、
5時、6時には起きて、練習にくる

そして、地方出身の俺たちは、
丸一年間、家族と離れて過ごしてきた

日々の努力を振り返ろう

みんな、強化合宿初日を覚えてるか？
着いた初日だっていうのに、
体がボロボロになるまで追い込まれたよな

強化合宿だけじゃなく、毎日が大変だった
この一年の努力を思い出すんだ

俺が最後に故郷に戻ったとき
妹がきて、「はい、これあげる」って、
何かな？　ってみると、
22ペソくれたんだ

この話でみんなに伝えたいのは、
いくらくれたかは、どうでもいい
家族はいつも自分たちの幸せを望んでる
今、22ペソで何ができる？
22ペソじゃ、何もできやしないさ

それなのに何でわたしてくれると思う？
それは、ただ単に
自分たちの笑顔を見たいからさ

今日は俺たちが彼らに笑顔を与えるんだ
自分たちの両親、
今日ここにいて欲しいと思っても
遠くにいて、これない家族のために
このチームのために戦うんだ
このチームの一人一人のために
ピッチの中では俺たちは兄弟なんだから

さぁ、俺たちの強さを見せつけてやろうぜ！

（おー！！！！！）

名門クラブチームであるだけに、ユースでも多くの少年たちの競争は激しく、結果が出せなければチームを去ることになり、それは地方から将来家族を養うため期待を背負ってやってきた少年も例外ではありません。

強い共感は、迅速で強靭なアクションに繋がります。

人の心や認識を強く揺さぶる言葉をハックすることで、大きな成果に繋げていくことができるのです。

本項冒頭のキング牧師の話に戻りますが、実はキング牧師が事前に準備していた原稿には「僕には夢がある」のパートは書かれていなかったそうです。

とはいえ「僕には夢がある」は、それまでの演説の中の1節ではありました。

そしてスピーチ当日、終盤までは少し堅苦しい内容で、聴衆の魂を揺さぶるようなものではなかったのです。

そのとき、聴衆の一人であったゴスペルの女王マヘリア・ジャクソンが「マーティン、皆にあなたの『夢』について話して！（Tell'em about the dream, Martin）」と叫んだのです。

実際にマヘリアの声が届いていたかどうかはわかりません。

しかしその後キング牧師は、用意していた原稿をわきに置いて、「僕には夢がある」というパートを即興で演説し始めたのです。

それが、あのスピーチです。

そして、その言葉でキング牧師は記憶され、その言葉で公民権運動は加速することになります。

身体性のHack（ハック）

僕の本業はインターネットサービスを改善することなので、これまでに2万回以上、ユーザーテストという行動観察を行ってきました。

そこでわかったユーザーの身体感覚の本質は何かということについてお話ししたいと思います。

サイトやサービスなどを体験する際にまず、ユーザーが訪問して最初に起こることは、このページは何か？　や、このサービスって何なんだろう？　という理解です。

これが0.2～0.3秒で理解できないと、そのサイトやサービスはかなり厳しいと言われています。要するにユーザーは、何か目的を達成したくてそこを訪れているわけです。そのときに自分がそれを理解できないと不快になって離れてしまうのです。

「わかる」と「迷う」というこの境目が最も重要なところで、迷うととにかく即離脱します。理解できないと即離脱してしまうのです。何かを買う買わないなどの判断は、理解の後に行われる行為なのです。

そして、最初にどのように理解を始めるか？　というと視覚情報です。

五感の中でも、視覚は圧倒的に情報量が多いため、様々な情報を一瞬で伝えることができます。

われわれは、雰囲気で理解を開始し、コピーで理解を完了する

理解の手がかりにするのは、雰囲気です。

雰囲気はヴィジュアルイメージから伝わります。

よく言いますよね？

雰囲気イケメン、雰囲気美人……。

実は、このビジュアルイメージを変えるだけで理解は大きく変わってきます。

例えば、「mechakari」というストライプインターナショナルが運営する服の借り放題のアプリがあるのですが、ダウンロード数が伸び悩んでいました。

その理由は、ダウンロードを促すランディングページに、「ダウンロードのアクション導線が目立たない」「アプリであること・ダウンロードしてほしいことが伝わりづらい」という問題を抱えていたからです。

ここで質問です。A案とB案、どちらがダウンロード数増加に繋がったと思いますか？

Q アプリダウンロード数が増えたのはどちらの案か？

A案

B案

結果はB案でした。アプリのイメージとストアのアイコンを入れてビジュアルイメージを変えるだけで、約1割もダウンロード数が増えたのです。

このようにビジュアルコミュニケーションは、現代において極めて重要です。

古くは看板や交通標識、今で言うとスマホのアプリのアイコンでしょ

B案が支持された!!

2万回のA／Bテストからわかった支持されるWebデザイン事例集（技術評論社より引用）

うか。

あのシンプルな記号だけで、暗黙的にサービスの価値を理解し、日常で使っていただけるようにしなければいけません。

僕が商売にしているウェブサイトやｅメール、動画などでもビジュアルコミュニケーションは重要です。それがすべてと言っても過言ではないくらいに。

具体的にビジュアルコミュニケーションでビジネスの成果向上に効く要素は、大きく分けて４つあります。

・レイアウト
・ビジュアル
・コピー
・行動喚起　Call to Action

この４つの要素が非常に重要になってきます。

◉レイアウトとビジュアル

原理原則は、視覚の印象だけで伝えること。

文字を読んで理解しようとする前に、パッと見の印象でどんなサービスか？　が伝えられることがとても重要。そのためのレイアウトと言っても過言ではない。

非常にシンプルですけれど、まずファーストビューでどんなことが想起できるか。

写真や、サービスのイメージなどで、どれだけシンプルに印象から内容を伝えられるかが非常に重要になってきます。

◉コピーライティングと行動喚起

コピーに関しても、いろんな本が出ていますが、ここでは端的にポイントを3つ。

1つ目は数字です。

ユーザーが受けられるメリットについてわかりやすく説明するために、まずは数字を入れると非常に効果的。

コピーの中で数字は、実はパッと皆の目が行くところなのです。

数字はアイキャッチにもなるということです。

2つ目がタイミングです。

「今なら」とか「あと3時間」などは、今がそのタイミングであると理解してもらうためのコピーです。

特に今は、情報過多の時代です。今決断してもらわないと忘却の彼方に行ってしまいます。

3つ目が比較と比喩です。

「1ランク上の」とか「XXの秘密」など、その人の心理をくすぐるような比較表現は非常に有効です。

つまりそのサービスの目的は何か？　これを端的に伝えられる自己紹介は、セールストークより重要であるわけです。

ですから、スタートアップのサービス名やそのサービスを表すタグラインというのは、非常に重要です。

名前やタグラインそのものが勝手にセールスしてくれるわけですから。

国内外の有名なタグラインを挙げてみます。

「JUST DO IT.」NIKE

「Think Different.」Apple

「ダイソン、吸引力の変わらない、ただひとつの掃除機。」Dyson

「I'm Lovin' It」McDonald's

「Broadcast Yourself」YouTube

「The Few, The Proud. The Marines.（少数、精鋭、海兵隊）」米国海兵隊

「NO MUSIC, NO LIFE.」タワーレコード

「お口の恋人」ロッテ

「あなたと、コンビに、ファミリーマート」ファミリーマート

「うまいすしを、腹一杯。うまいすしで、心も一杯。」あきんどスシロー
「都会のオアシス喫茶室ルノアール」銀座ルノアール
「一目で義理とわかるチョコ」ブラックサンダー

いかにシンプルでユニークなワードで、その製品やサービスの提供価値を表現できるか？　に挑戦していることがわかります。

お金と時間のHack（ハック）

なぜ手で持たない置き型ドライヤーが売れるのか？
45000円もするような高性能の高級ドライヤーが売れる中で、4000円を切るハンズフリードライヤーが売れています。

髪を乾かす15分間は結構面倒ですよね。
何もできない15分はスマホが普及した現代社会において、退屈な時間になってしまいました。

置き型ドライヤーは、その消費者の心理を洞察（インサイト）した商品だと言えます。

何かしながら髪を乾かせる
ネイルを乾かすのも簡単
洗った後のペットの毛を乾かすのにも適している

というのが、ヒットの要因だそうです。

このように、皆が忙しい現代において、時間はお金より稀少になってきています。

このお金と時間のハックについて、お話しします。

250億円使って見えてきたこと

僕が社会人になって、16年が経ちました。

別に褒められた成果ばかりをあげてきたわけではないのですが、一つだけ誇れることがあります。とにかくお金をたくさん使ってきたことです。あるときはマーケティング、あるときは採用、あるときは出資、あるときは開発……。

ビジネスでは、お金を使うために頭を使うと言っても過言ではないくらいに、お金を使うセンスが問われます。そして、お金を稼ぐことも難しいのですが、うまく使うことも大変難しいということに気づかされました。

リクルートに入社して最初の3年間は、マーケティング局という部署に配属され、「カーセンサー」や「ゼクシィ」などの情報誌のマーケティングプランナーとして60億円くらいの予算を預かり、綺麗に使いきりました。

次の3年間は、新規事業開発室という部署で「ドコイク？」や「スゴイ地図」「R25」というメディアをつくり、累計で総額60億円くらいのお金を使いました。

その後の4年間は、新規事業で累計120億円くらい使いました。売上ももちろんつくったのですが、まあたかが知れています。

そして、その後米国で起業し、34億円以上を資金調達し、順調に使っています。

僕が唯一誇れるとすれば、この使ってきた250億円以上のお金だと思っています。

マーケティング、開発、採用、投資など、お金というものは、それぞれ目的に沿って使っていくわけですが、それによって必ず見えてくるものがあります。その見えてきたことが最も重要だと思っています。

これだけ使うと何が見えてくるのか、そこから何を考えてきたのか。

それを共有するところから始めたいと思います。

マーケティングはプレイスがすべて

実は、新規事業であっても会社への投資であっても、投資の大きな割合を占めるのがマーケティングです。別に広告を出していなくても、営業活動をしていればマーケティングになります。

僕はあいにく出来が良い学生とは言えなかったので、マーケティングについて覚えていることと言えば、4Pというものがあるんだよということだけでした。「Product」「Price」「Place」「Promotion」ですね。

社会に出て、マーケティングを実践する中で、一つ学んだことは、この中でビジネスインパクトが大きいのは、実はプレイス戦略だということでした。

皆さんが想像するマーケティングは、プロダクトやプライス、プロモーションに関することが多いと思うのですが、プロダクトを消費者に届けるプレイス（流通）が、実は最も稀少性が高く面積が限られているものなのです。

例えば、コンビニの棚というのは、敷地面積の総和にしてみると全然たいしたことはないけれど、メーカーにとっては一等地になります。買えるものであれば、買い占めたいくらいに。

デパートの目抜きエリアも一等地。ポータルのトップも一等地。Facebookのウォールも新しい一等地。要は、人のアイボールやリーチが集まるスペースは、すべて一等地となります。

そしてアイボールというのは、「ターゲット人口×活動時間」によって総計の時間が計算できますから、有限になってきます。なおかつ、それを集中して集めている一等地は限られています。

つまり、実はすべてのビジネスは、**人の時間を押さえている流通チャネルの争奪戦**だと言っても過言ではないわけです。

よく言われる販促費のマーケットというのは、誤解を恐れずに言えば、この一等地を買い占めるための実弾に近いお金と言えると思います。

一等地を独占できれば、最も強いビジネス上の城壁となりますし、よく言われるマーケットシェアというのも、ここで決まってきます。

強固なプレイスからあがる超過利益は莫大になりますし、それは外部環境に左右されにくく計算しやすい収益ということになります。

世間では、マーケティングというと、プロモーションとかブランドとかプロダクトが何か、ということが注目されるのですけれど、強いビジネスというのはすべて徹底的に考え抜かれたプレイス戦略の上に構築されています。

別にこれは、リアルに限ったことではなく、ネットもITも同じだと思っています。OSというデバイスの入り口を押さえるプレイス戦争、ブラウザというOSにできた新しい入り口を押さえるプレイス戦争、ポータルというブラウザの入り口を押さえるプレイス戦争、検索というポータルの入り口を押さえるプレイス戦争……。

そして、動画もアプリもチャットも、全部新しいプレイス戦争でできた一等地と言えます。

それに対して、SEO[*1]だのASO[*2]だのバイラルだの、新しい流通施策があるだけで、常にそのビジネスが押さえるべき一等地を奪取することが極めて重要です。

そのために、ブランドやプロダクト、プロモーションやプライス、会社の組織やケーパビリティー、人事制度も財務戦略もすべてが従うものだ、と極論を言えば思っています。

プレイスを押さえることは、ビジネスにおいてそのくらい重要な位置を占めているということをお金を使う中で学びました。

そして、それは今も生きていて、**自分たちのビジネスにとって何が一等地なのかを考えること**と、**その奪取方法を考えること**が経営戦略において最も重要なパートだと考えています。

流通戦略を中心にしたお金の使い方

実際に、リクルートのマーケティング局で働いていた社会人1～3年目に、僕はとても面白い経験をすることができました。

普通の会社ではプロダクトとプライスとプレイスとプロモーションはそれぞれ別の部門で別の担当者が決めていることが多いです。

しかも、それらがウォーターフォールのように流れてきて、マーケティングの段階になって、「なんでこんなクソみたいな商品になってるんだ!?」と憤っているマーケターの方も少なくないと思います。

僕が担当していた情報誌は、中身こそ編集長がつくりますが、表紙からタイトル、価格や流通、プロモーションに至るまで、広範囲にマーケティングプランナーが携わることができました。

つまり製造工程の上流からマーケティングの観点を入れて、販売してカスタマーの手に届けるまでのすべてをハンドルする経験をさせてもらいました。これが面白くないわけがありません。

その中で、出版不況と言われながらも、同じ予算で販売部数を毎年20～30%伸ばしました。担当する雑誌30誌くらいのほとんどすべてで、それを実現しました。しかも2年連続で。

そこで僕がやったことは、とてもシンプルなことでした。マーケティングの予算はほぼ横ばい。ただ前年を踏襲した予算の組み方をしないということだけを決めました。

・毎月毎号ただ出稿していた新聞広告や中吊り広告を、朝日新聞と読売新聞のラテ欄下（ラジオ・テレビの番組欄の下。これだけ新聞が読まれない時代でもテレビ番組欄だけは主婦層を中心にかなり見られていました）に振り替えました。

・ただし金額が高いので隔月で、しかも朝日と読売をそれぞれ交互に入れました（こうすれば、どちらの読者にも4ヶ月ごとにリーチできます。何回も連続で同じほうに出すと少しずつ効果が低減するので、ケチな僕は交互に実施していました。広告代理店、新聞社の方、すみません！）。

・ラテ欄は、当時そもそも一見さんでは買えないというハードルが高い枠だと言われましたが、年間できちんと安定出稿する計画を提示することで出稿させてもらいました。
・ラテ欄が入らない号は付録をつけました。当時は付録をつけている情報誌なんてほとんどなかったので、棚が取れるし、新聞出稿で売れた号の次号予告に必ず付録の告知をして引っ張ることができました。
・用紙を値段が安く束厚のあるものに変えてボリューム感を出しました。
・下げたコストから雑誌の販売価格を下げて、その分流通や小売に落ちるマージンが減らないように、販売奨励金で流通や小売に戻すようにしました。

以上のような施策を丁寧に少しずつ順番に実施していきました。これらを一気に実現することはできなかったのですが、一つの雑誌で成功事例をつくって、それをコツコツと横展開していきました。

月刊誌だけでなく、週刊誌もムックも同じ予算で販売部数を伸ばしていきました。

価格を下げたので販売収入は落ちましたが、コスト削減で賄い、販売部数を伸ばして広告収入を増やしました。

印刷費用、配送費用、流通マージン、小売マージン、広告宣伝費用、販促費用など、3年間で60億円くらいのお金の使い道を少しずつ変えながら、良いプレイス（＝良い売り場）をいかに押さえるか、に頭とお金を使いました。

それらの戦略のすべては、良い棚を長く確保するために実施しました。それだけで、右肩下がりの部数の時代に2年連続で20～30％販売部数を伸ばすことができたのです。

この場合は棚でしたが、僕は「あなたの顧客接点における一等地を独占せよ」がどんなビジネスにおいても正しいと考えています。問題は、**今の時代はその一等地が動き続ける**ということで、これが最も厄介な問題なのですけどね。

お金と時間を事業成長に転換

リアルとネットのビジネスで250億円のお金を使ってマーケティングをしてきた経験から見ると、非常にシンプルな計算式で、グロースを表現することができます。

お金×時間＝事業成長
↑
グロース＝転換効率

どんな事業でも、そこに投入される資金と従業員の時間の総和を使って、事業拡大をしているわけです。グロースとはこの効率を高めることに本質があるわけです。

つまり、同じ1ヶ月の間に同じ予算と同じ人員体制で、ユーザー数や売上などをいかに増やしていくかが、グロースハックの本質だと僕は考えています。

例えば、グロースを自転車で前に進むスピードを上げることだと定義すると2つの方法があります。**「一生懸命こぐ」**ことと**「ギアを上げる」**ことです。この2つの方法をうまく組み合わせることで、素晴らしいプロダクトが素晴らしい成長曲線を描いていくわけです。

そして案外多くの人は、一生懸命ペダルをこぐことを考えてしまいがちなのですが、ギアが上がれば一こぎでもっと遠くまで行けるので、回転運動をスピードに転換する効率が良くなります。要は、早く遠くへ行けるわけです。

自転車を同じ回転でこいでもスピードが上がるのと同様に、成長のスピードが上がるはずなのです。

資金と時間を成長に転換することがビジネスだと考えたときに、**転換効率をどう上げるか。ギアを上げることにどれだけの投資をしているか**。そして、ギアを上げる投資とは何か。これらが極めて重要であるわけです。

そして、ギアを上げる投資というのは、一等地を確保することに確実に寄与していきます。投資効率が上がれば、強固なプレイスを押さえにいくために再投資をするための原資ができます。そうして強いプレイスの上に強いビジネスが成立するわけです。

時間の使い方がギアを決める

お金の使い方というのは非常に重要ですが、時間の使い方も忘れがちですが非常に重要です。

そして、皆さんはお金のほうに注目しがちですが、僕自身は時間の使い方のほうが重要だと思っているのです。なぜかというと、お金よりも時間の使い方のほうが先に変えられるからです。お金の先行指標として時間があるのです。

時間は、常に課題設定によって大きくその使い方が変わります。要するに、アテンションの向いているほうに人は自然と時間を使ってしまうわけです。なので、先に時間の使い方を変えていくとお金も自然とそちらのほうにシフトしていきます。

僕は、予算の使い方を大胆に変えていくときに、いつも地図のように全体像を頭に描くようにしています。そしてその地図を描いていくために、まず時間の使い方を大きく変えます。

例えば、先ほど「良い棚を押さえる」と述べましたが、本当に良い棚を押さえていくためには、「良い棚とは何か」を徹底的に知る必要があります。

そこで、毎週書店やコンビニを回りました。3年間で約1800店の書店と約4000店舗のコンビニを回り、雑誌の棚に何が置いてあるのか、今何が売れているのか、どんな人がそのお店に来ているのか、を把握することに努めました。

毎週、12店の書店と30店舗くらいのコンビニを回ることを3年間欠かさずに実行したおかげで、自分の担当している雑誌はどんな状況にあるのか、自分が何のためにお金を使うべきか、どこを狙うべきかがクリアに見えてきました。

ただ単に記号として見えた帳票に出てきた店名が、すべてアリアリと思い描けるようになったのです。そうすることで、なぜこのお店ではこんなに売れたのか、あるいは売れなかったのか、搬入部数が少ないのか多いのか、など、いろんな仮説や課題が見えてくるようになったのです。

この地図を頼りに、施策を打っていきました。そして、それらは面白いように当たるようになったのです。

グロースハックをしていく際も同様で、やみくもに打ち手を講じても成果は出ません。迷わずに、**自分の位置をクリアにするための地図を描いておく必要がある**のです。その**地図を描くために時間の使い方を変える**のです。

インプットの量と質、意識と無意識

地図を描いていくときに重要なことがあります。

一つは量です。単純に言えば、たくさんのお店を見れば自分の中に比較対象ができますので、違いに気づきやすくなります。

もう一つは質です。実は、知らないお店や初めて訪れるお店のほうが気づくことが多かったのです。人は、新しい情報には過敏に反応するようにできているそうです。普段であれば気にならないことも、違和感としてキャッチすることができるのです。この違和感が全体像を描いていく上で、大きな意味を持っていることが多いのです。

Kaizen Platformで主催しているグロースハッカーアワードで過去受賞された片岡さんと北古賀さんという国内のトップグロースハッカーの2人が、偶然にも似たようなお話をされていました。

> “情報を伝える側のクライアントさんと、ユーザーの間には溝があり、情報が上手く伝わらないという問題があります。グロースハッカーの仕事は、それを解決する根本的な解決策を提案することなのです。”(Japan Growth Hacker Award 2016 片岡彩子氏)

> “唯一ユーザーの視点になれるタイミングがあります。それが初見のタイミングなのです。初めてそのページを見たときに「あれ？」と思った点を改善していくようにしています。”
> (Japan Growth Hacker Award 2016 北古賀紀行氏)

われわれは、どこかで無意識を忘れてしまいます。そして、特に自分がつくったサービスであれば、なおさら無意識になることがとても難しく、重要なインサイトを見落としてしまうことになるのです。

全体像からギアを見つけるためには、この**意識と無意識の間にある違和感**を丁寧に拾っていく必要があるわけです。そのために、経営者になった今でも、お金の使い方よりも先に時間の使い方を変えるように心がけています。

事業成長への転換効率を高めるために何ができるかを考え、自分の時間の使い方を変えることこそが、実は最高のグロースハックなんじゃないかと考えているのです。

そして、お金の使い方はそれに準じて洗練されていくものだと考えています。

より有限なもの、より稀少なものから考える

時間とお金の関係性についてお話ししてきましたが、別にこれはどちらが大事という話ではないのです。

より有限なもの、より稀少性の高いものから考えたほうがいいですよという話です。

この忙しい現代社会において、より稀少性の高いリソースから考えることはとても重要です。

時間、場所（立地）などの話をしましたが、きっと逆もあります。あ

えて時間を使わないとできない経験や、どんな人にとっても話のネタになりそうな面白い体験、インスタにあげたら皆が飛びつくような光景。
こういったものも今はきっと稀少性があるでしょうね。

組織のHack(ハック)

「いかに素晴らしいチームをつくることができるか」について、皆さんも苦労された経験があると思います。物づくりやグロースハックに限らず、事業のどんなシーンでもどんな部署においても、極めて重要で普遍的なテーマ。僕も苦労に苦労を重ねてきました。
次からは採用やマネジメント、ブランディングなど、会社や組織の器としての在り方について、皆さんと一緒に考えていきたいと思います。

1時間で学ぶ、責任者がやること

リクルート時代、僕が初めて事業部長に任用されたときの話です。
どうしたらいいかがさっぱりわからなかったので、かつての上司に相談に行ったことがあります。

当時のやり取りをなるべく臨場感が伝わるよう会話形式でお届けしますので、しばしお付き合いください。

「先輩、何をしたらいいかがさっぱりわからないです。事業を経営するってどうしたらいいんですか」
「いやースドケン！　いいとこに来たな。俺がキモを教えてやるよー」（ちなみに僕は「スドケン」と呼ばれることが多いです）と言って彼が書いたのが、この図でした。

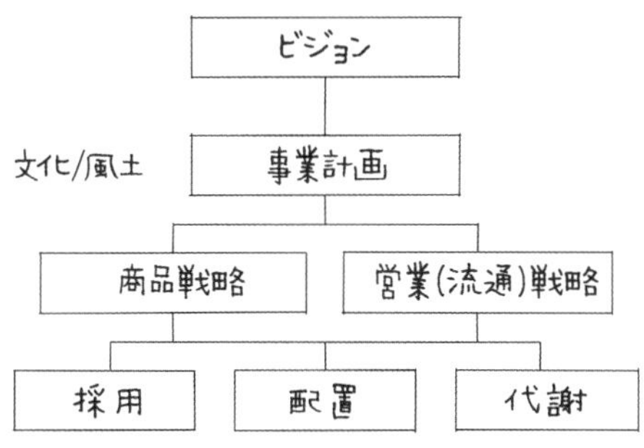

「一つずつ説明していくぞ。まず実現したいビジョンがあるよな？　それを実現していくための事業計画がある。そんでだ、商品戦略と営業戦略がある。営業がないところだったら流通戦略と置き換えてもいい。いろいろ言われるけれど、この２つだけしっかり考えておけばいい。で、それを実行してくために組織が必要なんだけれど、これは採用・配置・代謝の３つがカギだ。で、最後にこういう四角の枠には入らないんだけど、重要なのが、これら全部のスキマを埋める、その組織が持つ文化とか風土だ。これは、すべてに影響する」

「わかりやすいですね」
「で、最初に着手すべきことは何か。大きく分けて２つだ。どうせ事業計画はあるだろうから、商品戦略と営業戦略を確認しろ。これがズレてると多分達成しない。そして同時に文化と風土は、おまえがつくれ。これも最初の着任直後じゃないといじることができない」

「なるほど」

「で、ある程度戦略はこれで良さそうだ、となったら採用だ。どういう奴が必要かのイメージは戦略が明確であればクリアだと思うからそういう奴を採用しろ。他の事業部から引っ張ってきてもいい」

「ふむふむ」

「で、配置だ。まあ、要はフォーメーションを決めて、そこに適材適所で人材を配置していく。これは結構柔軟にやらざるをえないと思う」

「ふむふむ」

「ここまでが、着任までに終わらせるべきことだ」

「!?」

「そうだよ。それでもあと12ヶ月しかないぞ。あっという間だぞ。忙しいだろ？」

「はあ」

「で、代謝なんだけど、これは予め考慮しておく必要がある。事業はフェーズが変わる。特に新規事業は、その成長フェーズによって、どれだけいい採用をしていても組織に合わない人が出てくる。どれくらい人が入れ替わっていくかも考慮しておいたほうがいい」

「そうなんですね」

「そう。今めっちゃ活躍している奴が、ずっと活躍し続けるかはわからない。人も組織も変わり続けなければいけないから、おのずと新陳代謝が起こるし、あえて起こすように仕掛けるのも事業責任者だったらやらないといけない」

「なるほど」

「さらに言えば、おまえ自身もいつかその事業からいなくなる。だから次は誰に引き渡すか。どういう状況で引き渡すか。そのイメージを持たないとダメだ」

「ふむふむ」

「難しいことは、会社員だといつ引き渡すかは、おまえがコントロールできないってこと」

「確かに」

「スドケンのミッションの半分は、この後継者育成だよ」

「ほう」

「つまり、任期の半分くらいで事業計画は達成できるようにしないといけない」

「マジっすか」

「マジだよ（笑）。で、ビジョンなんだけど、組織が小さい頃は確固たるものはいらないかもしれないけれど、大きくなったら絶対に必要になる」

「何でですか」

「組織が大きくなると、おまえが直接話す人や時間が減っていく。というか、減らないとおかしい。そうすると、伝えたいことを伝えたり価値観を共有したりすることが難しくなる。そこでビジョンが重要になる」

「なるほど」

採用で70%が決まると思え

「質問してもいいですか」

「何だ？」

「これ人材育成とかが入っていないんですけど、どう考えたらいいんですか」

「ああ、なるほど。誤解を恐れずに言うと、採用が一番重要。いい奴を採用する前提でないと、育成はほとんど意味がない。採用が70%、配置・任用が15%、評価が10%、育成は5%くらいの寄与度だと思ったほうがいい。そして、評価も育成もどんな人材がいいとか悪いとかは戦略がないとできないから、事業責任者はまず戦略だな」

「なるほど」

「で、こういう仕組みづくりとかはできる奴を連れてきたらいいよ。おまえがやってたら事業が成長しない」

「確かに」

2階層つくれたらあとは同じ

「で、組織のマネジメントっていうのはさ、2階層つくれるかどうかが重要なんだよ」

「どういうことですか」

「最初にマネージャーになったときにメンバー何人だった？」

「8人です」

「それから何人になった？」

「30人くらいです」

「そのときどうした？」

「さすがに全員は細かく見れないんで、リーダーを決めていろいろやってもらいました」

「だよな？　で、おまえの事業部は何人いるんだ？」

「70人くらいですね」

「そのときと似ているんだけど、次にマネージャーをつくる必要がある。多分3つくらいのグループに分けて任せる必要がある。そうじゃないと回らない」

「そうですね」

「リーダーとマネージャー（管理職）の違いは、任せきることだ。だから結果責任も負ってもらう。おまえもマネージャーとしてそうやってきたよな？」

「はい」

「で、次はマネージャーをつくれるマネージャーが必要になる。それを育てるのがこれからのおまえの仕事だ」

「なるほど」

「組織は、2階層つくることができれば、あとはそれの繰り返しなんだよ。1000人でも20000人でも基本的には一緒。ただ気をつけたほうがいいのは、縦に階層をつくりすぎないことだ」

「と言うと？」

「おまえの考えていることがどんどん伝わらなくなる。わかりやすく言うと、風通しが悪くなる」

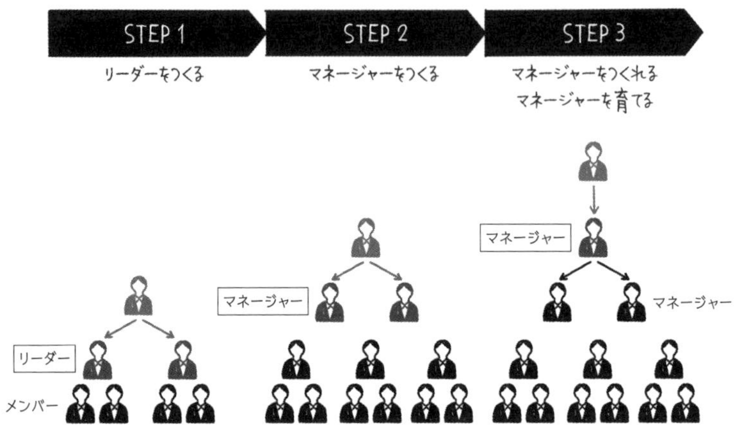

自分のメッセージを絞る

「どういうことですか」

「例えば、このSTEP3の状態を見てみると、基本的にこのときにおまえはマネージャーのマネージャーたちと会話していることが多くなっているはずだ。で、そのマネージャーのマネージャーを部長としようか。で、スドケンがどれだけコミュニケーション能力が高いとしても、大体70%くらいしか伝わらない。部長になるくらいだから、この人も優秀なはずなんだけど、多分その下の課長には70%くらいしか伝わらない。で、課長も現場のメンバーには多分70%くらいしか伝えられない。だから皆には、おまえの言いたいことが3分の1くらいしか伝わらない」

「はあ」

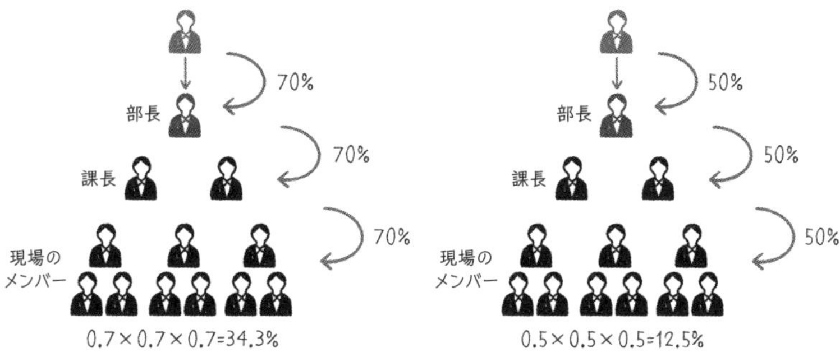

「70%伝わればいいほうで現実は50%くらいだと思う。すると、たった3階層あるだけで現場には12%しか伝わらなくなる。だから無駄に階層をつくらないほうがいい」

「これを見ると、本当にそうですね」

「だろ？　でも、これが現実だ。で、こういうふうに組織が大きくなっていくときに、おまえ自身が何をすべきか」

「しゃべりがうまくなることですか」

「いや、それはおまえが直接話せる範囲にしか影響しないからほとんど意味がない。むしろ今考えていることの中で、伝えるべきことを10分の1に絞れ」

「は？」

「今おまえが伝えたいことが10個あるとしたら、その中から**最も重要**

なーつにメッセージを絞れ。そうしないと最も重要なことが伝わらない可能性がある。伝わっていなければ無意味だ。どうせ最終的に10%くらいしか皆に伝わらないんだから、その10%を一番重要なことで埋めないといけない。だから最初から情報量を10分の1にしちゃえばいいんだよ。減らすんだ。要はシンプルにメッセージを伝えるってことだよ」

「なるほど」

「組織を大きくしていくにも、育成していくにも、とにもかくにも採用はすごく重要だ。チームを組成した時点で、勝負が決まると思ったほうがいい。それくらい重要なんだよ」

「それは、なんかわかります」

「とにかく優秀な人材をどうやって連れてくるか。これに戦略の実現度合いがかかってくる。おまえの仕事は、明確に戦略を描き、それを実現できる人を連れてきて、そいつらとゴキゲンに仕事をして、いつか自分じゃない人に事業経営のバトンを渡す。以上だ」

「シンプルですね」

「そ、シンプルだよ。奥が深いんだけどね〜。ま、ガンバレ！」

　というようなやり取りで、わずか1時間で事業経営の要点をコンパクトに教えてもらった僕は、その後も5年間、採用・配置・代謝という3つについて、ずーっと考え続けてきました。

自分の認知のHack（ハック）

これまでは、すべて自分の外側へのHackでしたが、自分の内側にも当然認知メカニズムがあります。

その自分の認知をハックすることで自分の行動を望ましい方向へ変えていくことだってできます。

良い採用ができないという嘘

先ほども話が出ましたが、経営をしていると採用が極めて重要になってきます。

今日の売上は、営業活動によって実現できますが、未来の売上は採用活動から生まれます。

採用のことを考えていない経営者は、いないのではないでしょうか？それくらい重要なファクターです。

良い採用とはどういうものだろうかと考えてみると、シンプルに、採用をどのくらい重要だと思っているか、に尽きるように思えます。

もちろん熱意や待遇だって大事だと思いますが、最も重要なことは、最高の仲間を採用しないと会社が生き残っていけないと思っているかどうか、ではないかなと思っています。

つまり経営のトップアジェンダであれば、商品開発や営業と同じように、企業として一生懸命に取り組むはずですが、口先だけであれば、それはうまくいかないだろうと思うのです。

うまくいったらいいな、というフワフワした心持ちでやっていることがうまくいっているケースをあまり見たことがないのと同様に、何としても優秀な人材を採用したい！　となると、優先順位や会社の在り方が変わっていくと思っています。

そしてなぜ、僕が死ぬ気で採用をやっていたかというと、採用しないと会社が死ぬと思っていたからです。単純です。

ちゃんと諦めているか

採用を大事なものとして位置付けるにあたり、最も重要なことは**“われわれにはできないことがたくさんある”**と強く認識できるかどうかです。

もう少し踏み込んで言えば、その問題を解決しない限り、事業が成長しないと確信しているか。その問題を避けて通ることはできないと思えているか。

要は、自分たちの中に解決策がないと腹落ちしていればいるほど、組織の採用に対するアテンションが上がっていくということです。自分たちで頑張ればできると皆が腹の底で思っている限り、この優先順位は上がりません。

実は、「良い採用は諦めから始まる」というのが僕の最大の発見でした。ここで陥りがちな大きな罠を「今はやっていないだけで、やればできると思っている問題」と呼んでいます（長い……）。そして、これは結構根深い問題だと思っています。

認知の壁

図にすると下記になります。

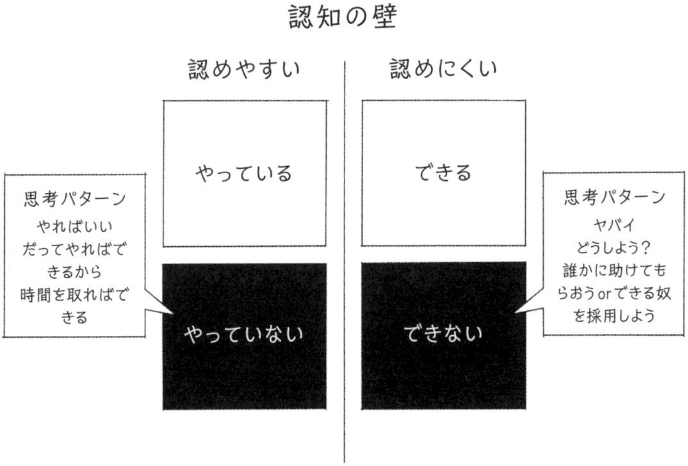

認知の壁

「やっていない」ということは認めやすいのですが、「できない」ということはとても認めにくい。ただ、「できない」と認識して初めて、抜本的な行動変化が起こるという理屈です。

採用で陥りがちな罠は、経営者やチームのメンバーが本質的に自分たちが「できない」問題に気づいていない可能性が高いこと。これが、採用でつまづいてしまう最も大きな理由だと思っています。

「優秀な人が来てくれない」とよく聞きますが、基本的に優秀な人というのは向こうから来てくれないものです。

つまり、今起きている問題をわれわれは解決できるのか、の問いに対してきちんと向き合って「できない」という答えが出るのであれば、次のアクションはとても簡単で「解決できる人を連れてくる」ということに尽きますよね。ここまでくると、自然と採用に必死になれます。

こうなってくると問題は、「できる」と思っていることではないかと思うのです。「できると思っている＝本質的な解決が遅れる」というケースが多々あります。

「できない」ことを認めて、「できる」人に来てもらって、「やる」（行動に移し徹底する）というステップに、いかに早く進めるかが超重要だとつくづく思いました。

CEOに採用権限がなくなった

Kaizen Platformでは、いい仲間は人事が連れてきてくれるものではなく、自分たちで探して自分たちで見極めてくださいという理屈になっています。それを支援するのが人事という建てつけです。

要は、チームに採用を委ねているわけです。チームメンバーが一緒に働きたい人を連れてきて、チームメンバーが面接をしランチをして、全員がOKだったら内定という仕組みです。

そのため、たまに一次面接で僕が出て行って驚かれることもありますが、ほとんどの人が僕の面接などなしに入社が決まります。

「この人と働きたいのでスドケンさん、仲良くしてください」と言われて、「どーもどーも」と握手をするのが一般的なパターンです。つまり、CEOに採用権限がなくなってしまったわけです。

従業員一人の10%のほうが、はるかに重要

これは、とにかく採用への意識を全員が高めることが良い採用に繋がると思ったことから始めたんですが、自分たちの仲間を自分たちで採用することは、会社を一緒につくるんだという参加意識にも繋がるという副次的な効果がありました。

例えば20人の小さな会社で、経営者が100%のマインドシェアでいい会社にしようと頑張るよりも、従業員一人ひとりが10%ずつでもいい会社にしようと考えてくれるほうが影響力が大きいわけです。

Kaizen Platformは今、100人くらいの組織なので、メンバーの一人ひとりが少しでもいい会社にしたいと思ってくれるほうが圧倒的に重要であるわけです。

もちろん最初の20人くらいまでの採用は本当に大変でした。勉強会にはなるべく参加し、西にいい人がいると聞いたら飛んで行き、東にすごい人がいると聞いたらお茶をする。少し時間が空いていると聞いたら、すぐに飛んで行きました。相手がビビるくらいのスピードで。

それほど採用を死ぬ気でやっていました。おかげさまで、素晴らしいメンバーに恵まれて、今では仲間が仲間を連れてきてくれるようになりました。

採用を重要なものとして捉え、考えに考え抜いた結果、チームメンバー全員に採用権限があり、CEOに採用権限がないという究極の形に落ち着いたわけです。

これによって、変な人や知らない仲間がある日突然増えているということを防げますし、自分で採用したので、困ったときは何とか助けなくちゃという気持ちも芽生えやすいように思えます。

以上のような理由から、今は僕が採用に関わることも候補者を口説くこともほとんどありません。口説くよりも選ばれる会社にしたいと考えています。

挑戦が体験に、体験が経験に

さて、これまで

・いかに言葉をハックして概念を変えるか？

・いかに身体性をハックして理解しやすくするか？

・いかにお金と時間をハックして成果を高めるか？

・いかに組織をハックして社会を動かすか？

・いかに自分の認知すらもハックして自分を行動に移させるか？

という様々な“方法”の引き出しについてお伝えしてきました。

これらは、すべて実際の経験に基づいて皮膚感覚として持っています。

この経験は、体験してみないと得られないものです。

そして体験は、挑戦してみないと得られないものです。

すべては挑戦することから始まるのです。

最後は、挑戦するための“勇気”の引き出しについてお伝えしたいと思います。

*1 SEO:Search Engine Optimizationの略。検索エンジンからサイトを訪問する人を増やすことで、ウェブサイトの成果をあげる施策。

*2 ASO:App Store Optimizationの略。アプリストア内の検索結果に自社のアプリを表示させることで、ユーザーの発見率を上げる施策。

第５章

〝勇気〟の引き出し

経験を通じて思い切りを培う

ここまでを読まれると、なんだかすごい人なんじゃないか？　と誤解されてしまう気がするんですけれど、僕も等身大の人間で、正直しょぼいことでクヨクヨし、一歩踏み出す勇気がなくて情けない思いをしたことも山ほどあります。

実際に行動に移すときに重要なのは、思い切りです。

その思い切りは、経験の中で培われていくものなので、僕自身の情けない経験を告白しながら、それを追体験することで皆さんの皮膚感覚に"勇気"の引き出しを加えられれば幸いです。

事業計画が達成できない

僕がリクルートでGM（ゼネラルマネージャー）になって半年ほど経った頃の話です。GMとは、一般企業で言う課長です。

僕は情けないGMでした。

組織が変わり、すべての商品企画組織を担当することになり、さらに別の事業だったチームが新しく加わったタイミング。前任の組織で設計されていた計画はどう見積もっても達成できそうにありませんでした。

このままでいくと、組織全員が達成できないという状況に追い込まれる。マジで困ったなと思い、今Indeedでチェアマンをやっている出木場久征さんに相談をしに行ったことがあります。

「出木場さん、新しい組織の目標が始まった瞬間から達成できる気がしません」と言うや否や、
「おまえ、それはGMの責任だよ。メンバーを達成させていくのもGMの責任だ」
と一蹴されました。

「前任の計画がどうのこうのとか、しょぼいこと言ってんじゃねーよ。新しい事業つくってるんだろ？　成長しないでどうするんだ？」
と僕が弱音を吐こうとしているのを察したように、先手を打たれてしまいました。
ぐうの音も出ないまま黙っていると、出木場さんが今でも忘れられない話をしてくれました。

あるべき方向へ世界は落下している

「まあ、いろいろあると思うんだけどさ、最近気づいたことがあるんだよ」

「何ですか？」

「世界は、落下してるんだ」

「??」

「本来あるべき方向に向かって、世界はすごい勢いで落下してるんだ」

「はあ」

「いろんな既得権益を持った人たちが抵抗勢力になって邪魔するんだけど、それは重力に逆らうようなもので、あんまり意味ないんだよ。だって世界が落っこちていくスピードのほうが圧倒的に速いんだから」

「なるほど」

「だからさ、その落下する方向を俺たちは真剣に見定めて先に落下していくべきなんだよ」

「ほう」

「だってどうせ落下していくんだからさ。先に向かったほうが絶対いいんだよ」

「なるほどなるほど」

「俺たちがやらなくたって誰かがやるぜ？　だって、そもそも落下してるんだから」

目標や計画を達成するよりも大切なこと

　このとき、出木場さんが言いたかったことは、

　小さなことを気にするよりも、もっと事業を本質的に進める方向を見定めろ！

というこことだと思うんですが、僕はそれ以上に救われました。

新規事業なのに目先の計画にとらわれて、それを達成できなければ全部おしまいみたいな顔をしていたんだと思います。

まあ事実、計画を達成できないというのは、そもそもイマイチなことなのですが、もっとイマイチなことは、どうやって実現するのか？　の考えを尽くしていないことなんだと気づきました。

それと共に、僕は達成させたいがために計画のほうを修正しようと内心思っていたことを恥じました。

自分の中に重力に逆らう抵抗勢力をつくるのと同じだぞ、

と言われたような気がしました。

逆なんだ。

あるべき方向をきちんと見定めていれば、絶対成長なんてするんだ。

人より早く落下できるんだから、と。

新しいことをやろうとするといろんな抵抗勢力が出てきますが、一番怖いのは、**自分でも気づかないうちに自分自身が抵抗勢力になってしまうこと**だとそのとき思いました。

「皆いろんなことを言うんだけど、どうせ世界は落下してるから時間の問題だよ。むしろ自分が染まらないように気をつけろ！」という、ある意味で超楽観的なこの言葉に何度救われたかわかりません。

その後も、経営しているといろんな人がいろんなことを言います。正解もないですし、あちらを立てれば、こちらが立たず。

まあ、何か新しいことを始めようとすると常に批判の対象になりますし、新しい事業は、常に賛否両論あるものです。

もちろん、今だってスタートアップを経営しているといろんな情報が入ってきます。

でも、大事なことは誰が重力に逆らっている人なのか？　どちらがあるべき方向なのか？　を見定めることだと思っています。

新しいサービスをつくろうとすると、いろんな摩擦が起きます。

賛否両論を巻き起こします。

だから、新しいことに取り組んでいる人はいろんなことを言われると思うのですが、皆の言うことに耳を傾けつつも忘れてはいけないことがあります。

あるべき姿は何なのか？

なにせ、世界はそっちのほうへ落下しているんだから。

仕事が、環境が、人が、人を創る

甘ちゃん大学生だった僕は、リクルートという会社に入社して、とにかく人間味溢れる上司や同僚や後輩に鍛えられました。

環境が人間をつくるとはよく言うけれど、本当にその通りだなと今でも思います。

僕が、仕事を通じてハッとさせられた金言（迷言？）をご紹介したいと思います。

「時給を上げろ。長く働いて給料が高いとかはバカのやることだ」

こう言ってくれたのは実務が圧倒的にできる人で、エクセルの使い方みたいなベーシックなことからマージン戦略やプレイス戦略まで幅広く教えてもらいました。

僕の今の実務を支える力は、入社してから3年間のマーケティング局での仕事経験によるところが大きいです。

その中で、今も忘れないのが、
「時給を上げろ」
という教え。

「同じ仕事だったら早く終えて、早く帰れ。同じ時間であれば、たくさん仕事をして、給料を上げろ」

「給料は総額じゃなくて、時給で計算したほうがいい。残業して給料が高いのは、1時間あたりの価値が低いということだから」

今思えば、生産性という概念を若者にわかりやすく見事に的確に表現してくれていたなと思うのです。

「自分の価値は時給で測れ」

社会人１年目に、この言葉に出会えて良かったと思います。

「ビジネスマンは芸者だよ。座敷（会議）に呼ばれたら、歌でも踊りでも話でも何でもいいけど、期待に応えて絶対に満足させること。そのために、毎日芸を磨くんだよ」

プロフェッショナルとは何たるかをすごくわかりやすく教えてもらいました。

今も、座敷に呼ばれたら真剣勝負です。

「おまえ、嫉妬とかしてるの？　それは、余程暇なんだよ。目の前の仕事に集中していたら、他人を気にしてる暇なんかないはずだ」

あまりにも優秀な同期を持って悩んでいたときにサラリと言われて、すごく目が覚めた言葉です。

翌日、上司に３倍仕事を振ってほしいとお願いしに行って、本当に３倍になり、真面目に家に帰れない日々が続いたことは働き方改革まっしぐらの今ではできない力技で、こういう経験をするのも今や難しくなってしまいました。

「量は質に転化する」

3倍の仕事量につぶされそうなときに、3倍仕事ができるようになったら、それは質になるよ、だからまったくもって正しいアプローチだと言われて、気持ちの上で救われました。

でも、不思議なことに仕事の段取りを効率化できるようになって半年もすると、3倍の量をこなせるようになっていました。

逆境をどう過ごすか？　逃げない、拗ねない、諦めない

「今どんなに不遇でも正しい奴が必ず勝つ。市場を見てる奴が一番強い」

生意気すぎて仕事を干されていたとき、ふてくされていた僕に、かけてもらった言葉。

社内の政治とか力関係とかどうでもいいんだよ、結局市場が決めるんだから、と言われて、今でもすごく感謝している言葉です。

「なんか、良いこと言ってると思うんだよね。よくわからないんだけどさ。それを3年間ちゃんと言い続けられたら、きっと評価されてるはず。評価されてなければ辞めちゃえ。大事なこ

とは、3年間はまったく評価されなくても言い続けることだ。
時流とか他人の評価とかはいつだって遅れてくるもんだから」

今の仕事の頑張りというのは、3年後くらいにようやく評価されるものだと言われました。

ただ、リクルートの査定というのは半期毎だったので、「そうかー6回くらいかかるのか」と若干評価制度そのものの不備を感じたものの、そういうものなんだと吹っ切れたのを強く覚えています。

おかげで、のびのびと仕事をすることができました。

ちょうどこの3年後に、事業部長になっていたのも印象的です。

「逃げない、拗ねない、諦めない」

どんなに正しいことを言っても、逃げてる奴、拗ねてる奴、諦めてる奴の言葉は周囲の誰にも届かない。だから明るく正しいことを言え、絶対に逃げたり、拗ねたり、諦めたりする奴にはなるな、と言われました。

今でも、心に誓っています。

「あのさ、俺に何期待してんの？　おまえが思ってることをやれよ」

でこぼこのチームで仕事をしていたときに上司に言われた言葉。

余程会議のときに「何とかしてくれよ」という顔をしていたんだと思

うのです。

しかし、斬新な言葉で、上司や他人に期待していることをおまえ自身が行動に移せという、当たり前だけど実行が難しいことをピシャリと指摘されました。

「もうスドケンが個人で成果を残すことに興味がない。評価もしない。これからは、チームとか組織とか周囲が成果を残すこと以外に評価しない」

査定のときに、チームプレーができなかった僕が言われた言葉。

死刑宣告を受けたような気持ちでした。

おかげさまで、初めてチームプレーというものについて考えさせられました。

「シェイクされる側？　シェイクする側？　あなたは今どっちにいますか？」

メディア・シェイカーズという会社と一緒に仕事をしていたときに、言われた言葉。

シェイクされる側にいるんだったら残念だな、と言われて、ハッとしました。

「事業のことを真剣に考えると空気が薄くなったみたいに呼吸

が苦しくなるだろ？　鼓動が早くなるだろ？　それが本当に仕事しているってことだよ」

リクルートホールディングスの峰岸真澄社長が僕の上司だったときに、言われた言葉。

逆に言うと、今までしていたのは仕事じゃないよとバッサリ切られたわけなんですけれど、なんと言うのか素直に経営者って超すごいなと思った瞬間でした。

なんだか思い出すと、他にも書ききれないくらい本当にたくさんの金言があるんですけれど、いつも思い出すのは仕事のことではないんですよね。

いつも人。

誰から何を言われたか。

何をやったかなんて、ほとんど覚えてはいないわけです。

でも、そういうものなんだと思います。

いつも、人と仕事をして、人のために努力して、人と喜びも悔しさも分かち合ってきました。

それが、今の自分をつくっていると心から思います。

僕の大好きなCMに「情報が人を熱くする」という昔のリクルートのCMがあります。

でも、いつも僕は人に火をつけてもらってきました。

情報じゃなく、いつも誰かに心を動かされてきました。

だからいつしか、自分も誰かの心に火をつけたいと思って仕事をするようになりました。

企業の存在意義

リクルートに入社してから10年後、僕は退職の日程も決まり、起業のための登記など書類作業に追われていました。

海外で法人登記の手続きをすると、国内の金融機関で口座をつくることも簡単にはいきません。

萎えるようなやり取りをしながら、何で自分はこんな面倒な思いをして会社をつくろうとしているのか？　何のために会社は存在すべきなんだろうか？　と悶々と過ごす期間がありました。

そんな自問自答を繰り返していたとき、目が覚めるような言葉に出会いました。

「多くの人たちが、企業の存在理由は金儲けであると考えているだろうが、僕が思うに、それは誤っている。その真の存在理由を見出すには、さらに深く考えなければならない。これを追求していくと、どうしても次の結論に至らざるをえない。人々が集まり、企業と呼ばれる機関として存在するのは、個々人がバラバラにやっていては成し遂げられないことを実現するためであり、社会に貢献するためなのである。陳腐に聞こえるかもしれないが、これが原点である」（ヒューレット・パッカード創業者　デビッド・パッカード）

実は誰もが何らかの形で「社会の役に立ちたい」とどこかで思っているんだと思うのです。それを本気で実行するかどうか？　実行できるかどうか？　が重要だということに気づきました。今は、ノマドもできますしクラウドもあって一人あるいは少数でも起業はできるわけです。

ただそんな今だからこそ、自分一人ではできないことを仲間と実現し社会に貢献するために企業は存在している、という言葉が自分にとってはとても意義深いもののように思えました。

そしてこの言葉が、どんな会社をつくりたいのか？　を深く考えるきっかけとなりました。

理想の会社をつくりたい

起業なんてしたこともないど素人の僕が、どういう会社をつくりたいか？　を考えて最初に決めた経営における判断基準は、「自分がこの会社で働きたいと思えるか？」ということでした。

前職リクルートという会社のシステムは僕にとってとても面白く、“踊らされているのは重々わかっていても、踊ってしまう”、そんな会社でした。

ただ、一方であまりにも、システム化、仕組み化されすぎていて、働いている側からすると堅苦しく感じてしまうことも多々ありましたし、仕組みが人の良さを殺してしまうという側面もたくさん見てきました。

そこで、逆に挑戦してみようと思いました。

ツッコミどころが満載の会社をつくっていこう、そこで働いている人が勝手に手を差し伸べたくなる、いじりたくなるような余白のあるシステムをつくっていこうというのが僕の最初のコンセプトでした。

そうして、ここで働く一人ひとりが自分にとっての理想の会社を一緒につくっていけることが、自分にとっての理想の会社の在り方であると考え、そこから会社のデザインを始めました。まあ、要は良くできたシステムよりも、自分たちがハンドルしてデザインできるシステムをつくっていくことから始めたということです。

自己組織化する組織を目指す

カウフマンの『自己組織化と進化の論理』に出てきたNKモデルというコンセプトがあります。

カウフマンの主張で、最も僕が興味を引かれるのは、「無償の秩序」という考え方です。

進化のすべてを自然淘汰のなせる業とするダーウィンの論に対して、偶然の積み重ねだけで生命進化が起こってきたわけではなく、進化は自然淘汰と「自己組織化」が組み合わさってきたものだ、とするものです。

つまり、人類は気が遠くなるような偶然の積み重ねだけで生まれた存在ではなく、「なるべくしてなった」と考えたほうが自然であるというのが、この本の内容です。

僕は、この「無償の秩序」というコンセプトが非常に気に入っていたので、それを念頭に置いて会社をデザインしていこうと考えました。

全裸経営

マネジメントの原点が、性悪説に立っていたり、大人を子供として扱ったりするようなものでは、あってほしくない。

自律したプロとして仕事をして、苦手な部分は助け合いたいという思いから、自己組織化する組織を目指して、組織にそういう遺伝子を埋め込んでいくことを開始しました。

そのために最初に決めたことは、性悪説ではなく「性弱説」に立つということです。

最初にやったことは、経営のプロセスの開示でした。

Kaizen Platform社では、全社合宿の場で中長期的な経営の意思決定をしています。

創業から2年間は、ほぼ毎月、そこで全員そろって朝から夜まで侃々諤々の議論を繰り返していました。現在でも、半年に一度のサイクルで行われています。リモートワークを推奨している当社でも、この日はFace to Faceで実施します。

こういった取り組み自体をやっている会社は少なくないと思うのですが、ユニークなのは、売上や顧客クレームなどを思い切りオープンにしながら、社内だけでなく、社外のゲストをたくさん呼んで行ったことでした。

参加されるゲストの方が引くくらいにオープンに議論をしています。

僕がヒートアップすることも多々ありましたけれども、それでも隠すよりはマシだと思ってやってきました。そして、毎回議論が終わるとたくさんのTo Doに落とし込まれていきます。社外の人も結構議論が白熱するので、To Doをそれぞれ誰が持ち帰るかを決めるときに、

「じゃあこれは僕が」

「じゃあそれは僕が」

と手を挙げていただくこともありました。まさにダチョウ倶楽部さんの、

「じゃあ俺が」

「どーぞ、どーぞ」

のあのくだりです。

そして、それがいつしかとても重要なリクルーティングの場になっていきました。まあ、考えてみれば、一緒にケンカをするくらい議論して、結論が出て、じゃあ実行しようとなる。そうすると、今まで全然知らないのに一緒に仕事をしているかのようになってしまうので、カルチャー

フィットもしているし、すでにある意味一緒に仕事をしているのと同じような感覚です。

そのうちに、採用したい人を皆が徐々に呼ぶようになりました。

ただ、それだけではありません。

お客さんに来てもらったこともあります。

投資家に来てもらったこともあります。

大体、来ると最初は苦笑いです。それもそのはずです。いい大人が、ケンカをしているわけですから。

でも、それが面白いと話題になり、他のスタートアップの経営者が来てくれたり、VCの方が来てくれたり、ゲストが多種多様に増えていきました。来る者を拒んだ記憶がないので、多分これまでゲストだけで100人くらい来てくれたと思います。

そして、その中から30人くらい採用できたんじゃないかと思います。

僕の問いを中心にする経営は、こんなふうに始まりました。

好かれる会社でありたい

プライベートなことで恐縮なのですが、僕が創業した日に娘が生まれました。よく言われるのが、「よく奥さんが許してくれましたね」ということです。本当ですよね。僕もそう思います。

図らずも、子育てとスタートアップの経営が同時にドタバタと始まったわけなんですが、この２つには共通点があります。自分では何もできない無力な状態から始まり、多くの人に支えられて成長していくということです。

スタートアップは、いわば子供と同じなのです。もちろん、子育て同様、まったく思うようにはいきません。むしろ、思い通りにならないことのほうが普通です。

生後数ヶ月経った娘が、一生懸命に体を前に動かす姿を見て、
「ああ、俺も一緒だ」
と思ったくらいです。

全然うまくいかないけれど、手足をジタバタさせながら前に進もうとする子供と、スタートアップで奮闘する自分は、端から見れば一緒で、滑稽にも見えます。

そして、創業直後の僕が思ったことは、いろんな人から応援されて好かれる会社であってほしいということでした。

従業員はもちろん、家族や、友人や、前職の同僚、お客さま、願わくば初めて会う人に好かれる会社であってほしいと思いました。

それは、こびを売るのとは違います。ただ親切な会社でありたいとは思っています。

家族が病気のときは、すぐに帰るようお願いしています。周囲も全力でサポートしています。なぜなら家族より大事な仕事は、幸いにも当社には存在していないからです。

われわれがこうして仕事に熱狂できるのも、家族の支えがあってこそだと思います。

だから、家族に優しい会社でありたいのです。

家族を応援する会社でありたいのです。

それが結果として、安心して働ける環境に繋がると信じています。

会社にまた行きたい！
と子供が思ってくれることの意味

当社では創立記念とクリスマスパーティーの年２回、家族を会社に招いてプレゼントを用意して、お祝いするようにしています。

会社のノベルティのＴシャツがあるんですが、子供用サイズも用意しています。

毎年恒例で、子供たちが楽しみにしてくれているそうです。そうして、ケーキを食べたり、プレゼントをもらったりして楽しく過ごすと、何が起きるのか？

子供たちが会社のＴシャツを幼稚園や小学校に着ていくそうです。

そうして周りの友達に自慢するようです。

「パパ（ママ）の会社は、楽しいところだ」

余談ですが、これを見て一緒に仕事をしたいと思ってくれた会社が2社ありました。
「従業員のお子さんがそう言うんだから、きっと良い会社なんだろう」と。
別にそういうことを狙って、やっているわけではありません。ただ、支えてくれる人たちから大事に思われるためには、どれだけ会社が人を大事に思っているか？　を示す必要があると思うのです。

人から大事にされる会社は、人を大事にする会社、人から応援される会社は、人を応援する会社ではないかと真剣に思うのです。

組織図が逆ピラミッドに

そうしていろいろ考えて試行錯誤していくうちに、会社の組織図が逆転しました。
メンバーが主役、メンバーの先に家族やお客さま、
マネージャーがそれを支え、
CEOがそれを支え、
ボードミーティング（取締役会）がそれを支える、

という構図になっています。

従業員がゴキゲンに働くことが、企業の成長ならびに投資家のためになると考えています。

「個人がエンパワーメントされていく時代」という話をしましたが、個人がエンパワーメントされていく時代において、企業のあるべき姿は大きく変わっていかないといけないと本気で思うのです。

それをどうやって実現していくのか？　を追求していく中で、会社を丸裸にするくらい意思決定のプロセスに透明性を持たせ、家族を最優先にした結果、組織図が逆転してしまう会社になったというわけです。

自己組織化の要点は何か？

カウフマンに話を戻します。彼の提示したNKモデルは、非常に大きな示唆があると思っています。

NKモデルとは「N個の遺伝子」と「K個の他の遺伝子の対立因子」から適応度を算出する方法で、「K=1」とは1個の遺伝子は他の1個の遺伝子の影響を受けるということであり、「K=N-1」とは自分以外の遺伝子の影響をすべて受けるということを意味しています。

このモデルに基づき、遺伝子は互いに作用し合って突然変異を起こしながら、その地形に最適な進化形態を模索するというものです。

一つひとつの遺伝子が相互に影響を与え合う、いわゆる複雑系と言われるものですが、僕自身はこれに大きな影響を受けました。

プロセスを開示し、行動を促進し、それを支援する環境をつくり上げていく、それが自己組織化の要点ではないか？　と考え、会社をつくっていきました。僕がつくりたいのは完璧なシステムではなく、不完全さを補い合う場でした。

不完全な器をつくり、そこにいる人が余白を埋める会社を目指す

社会人になって最初に役員に飲みに連れていってもらったときに受けたアドバイスで、今でも鮮明に覚えている言葉があります。

僕の話をひとしきり聞いた後、
「あのな〜スドケン。おまえは賢そうだな。だから、損をすると思う」
「は？」
「いつもアドバイスをもらって、助けてもらえる人生のほうが圧倒的に大きなことができると思わないか？」
と言われたのです。

すぐにその意味は理解できました。
「どうしたらいいですか？」
「バカになれ。かわいがられるバカを目指せ」
それから毎年この季節になると、この言葉について深く考えさせられ

ます。努力をいくら重ねても、スキルがどれほどあっても、自分一人でできることは小さいものです。

バカになれというアドバイスは、言い得て妙だと僕は思います。

今僕がやっていることの一つひとつはバカみたいなことです。ただ、これだけバカな会社を真剣につくっていくと周囲が応援してくれます。それこそ、僕が社会人の最初にいただいたアドバイスから実現してきたことなのです。

われわれはともすると完璧な会社や仕組みをつくろうとしすぎているような気がするのです。

完璧な人はいないのですから、完璧な経営なんていうものは、幻想だと思うのです。同様に、完璧な制度も完璧な仕組みも存在しません。

むしろ完璧にしようとしすぎるからシステミックリスクは増大するのではないかと思うんです。完璧すぎると誰も助けることができませんよね？

最初からリスクをオープンにしておけば、自然とそのリスクを補っていこうとする作用が働くように思うのです。誰もが役に立ちたいと思っているし、協力し合いたいと思っているわけですから。

それを行動に移せるようにするには、会社や社会に、問いを設定していくための健全な余白が必要なんじゃないか？　という気がしてならないのです。

つまりハックしやすい会社にしよう、というのが自己組織化する組織のコンセプトでした。

成功や失敗がわかる前進が善

僕がリクルートの新規事業を7年間、スタートアップを7年間経営する中で気づいたことを紹介したいと思います。

スタートアップの経営をしていると、常に本質的、根源的な問いから目を背けることができません。「この事業で何を実現するのか、それは本当にしたいことなのか」について考え続ける日々です。

事業の目的の設定について繰り返し考え続ける、Whyを自分に問い続けるという時間は、ひたすら修行というか禅問答のようです。

事業の目的そのものを問い直しながら、そこへ少しでも近づけるように、すべての会議、すべてのイシューで議論し、意思決定を繰り返すのが仕事になります。

常に選択肢や材料が出そろっているわけではない中で、その瞬間に何らかの次のアクションを決定していく必要があります。スタートアップや新規事業の場合、大企業や既存事業と異なり、市場についてほとんどわかっていないケースが大半です。

そんな中で次のアクションを決めるというのはなかなかタフなことであるわけですが、ただ座っているだけでは死んでしまうので、濃霧の中でもどこが前かを決めて、そちらに歩を進める他ないわけです。

そのことを通じて、少しだけ見えてきたのは、大きく分けると2つでした。

1：意思決定には、常に何らかのトレードオフの関係性がつきまとうこと。

2：成功するか失敗するかは重要ではなく、「前進しているか？」が重要であること。

これは、結構苦戦した問題でした。

1については、もう少しわかりやすく言えば「完璧な意思決定など存在しない」ということです。

何かの意思決定をするということは、何かの選択肢を捨てることに他なりません。その決定に伴うメリットがあるわけですが、必ずその裏側にはデメリットや被害を受けるステークホルダー（利害関係者）が存在します。

意思決定の裏側にあることに目を向けると、意思決定することへの恐怖が湧いてきますが、目を背けるわけにはいきませんし（2番目の命題にも繋がりますが）、意思決定をしないわけにもいきません。

つまり、意思決定の裏側にある負の感情や自分の恐怖と向き合い続けることが重要だと気づかされました。

2番目の命題をわかりやすく言い換えると、「成功や失敗がわかる前進こそが善である」ということです。事業を経営していくと、当然ながら様々な意思決定のシーンに直面します。そしてそれは、情報も不完全な状態で行わなければならないケースがほとんどです。

情報が出そろっていれば、現場の担当者やマネージャーの意思決定が相当の確率で正しく実施されます。

経営やマネジメントが直面する問題というのは、割り切れない問題や悩ましい課題が確率論から見れば多いわけです。

当然のことですが、優秀なメンバーが出せなかった正解を僕が出せるわけではないですし、1番目の命題にも書きましたが、そもそも絶対的な正解がないケースがほとんどですから、常に成功する意思決定をできるわけでもありません。

ただ、成功するにせよ、失敗するにせよ、意思決定をして事業を前進させることこそが善なのだと、大企業の新規事業で7年間、スタートアップを7年間経営する中で気づくことができました。

それに気づくまでは、どこかモヤモヤを抱えながら、死なないためには前に進まないといけない、ということにどこか罪悪感を感じながら経営していました。

行動しないリスクは大きい

スタートアップや新規事業の場合、初めて経営する人が多いと思います。もし、同じような感情を持っている人は安心してください。皮肉なことに、その状態が健全なんです。

当然、経営者なので事業を成功させないとクビですが、それは結果論になりがちです。つまり、結果が出てみないとわからないので、それではヤバイのです。

正しいプロセス構造を持っていないとチェックできないわけです。意思決定から行動までの正しいプロセスを自分の中に持たないと困ってしまうわけです。僕だけが困るのではなく組織全員が困るので、メンバーはたまったものではありません。

まとめると、経営のプロセスは「そもそも正解などないことに対して、何らかの結論を出し、行動し、その正否に対して向き合い続けながら事業をとにかく前進させること」と言えます。これは、教科書からではなく実践の中から得た気づきでした。

間違っていても前進さえしていれば、方向転換は可能です。間違うことを恐れて前進しなければ、事業も前進しません。「事業が前進しない」ということは、そこに携わる人皆が経験もしない、成長もしない、ということになります。

常に意思決定のシーンでは、行動しないリスクやデメリットのほうが圧倒的に多いわけです。

今年もいろんなニュースがあり、誰もが不確実性を痛感する出だしだったと思います。これらのことからも、世界は不確実性に溢れていると言えるわけです。

未来なんてわからない

「1/f ゆらぎ」という言葉があります。これは、自然の中にはゆらぎという不確実性が存在しているということです。

僕たち人間が美しいと感じる音や自然や風などは、すべてこの1/f のゆらぎを内包していると言われています。ということは、自然の一員である僕たちの社会も、1/f ゆらぎに晒されているということだと思います。

まれに発生する巨大な台風、1000年に1度の確率で起きる巨大地震。これら以外にも、身近で発生する様々なトラブルや課題。経営者だけでなく、皆さんの周りでもそれらの問題への意思決定のシーンに次々と直面しているはずです。

1/f ゆらぎは「フラクタル」という構造を持っています。間尺を大きくしても、小さくしても、似たような構図を持っているということです。

つまり、世界レベルで見ても、個人レベルで見ても、同じような構図を持っているということです。では、具体的にどうすればいいのよ？ということに対する答えを僕は持ち合わせていません。

どちらかと言えば正しい、という曖昧さの中で、意思決定をし、正しくても間違っていても、その答えが出ることこそが善だと信じて前進するしかないと僕は考えています。

最後に、僕自身が勇気づけられた記事を紹介します。
「WIRED」のホームページにある、「地図のない冒険へ」という記事で紹介されているクリス・アンダーソンの言葉が、痛快なまでに今を語っていると思います。

> 2011年の秋に『WIRED』US版の編集長クリス・アンダーソンにインタヴューした際の言葉が強く印象に残っています。
> 彼は、iPad向けのデジタルマガジンのつくりかたについて、「何が正しいやり方なのか、何ひとつわからない」と語っていました。「5年後にアプリってものがあるかどうかすら定かではないし」とも。
>
> 「それじゃ困るでしょう」と問い返すと、彼は肩を竦めて、嬉しそうにこう答えたのでした。
>
> 「Welcome to the Future. 未来へようこそ」

未来なんてわからない。だからこそ僕たち一人ひとりにできることは、勇気を持って前へ一歩踏み出して、うまくいっても、いかなくても、歩みを止めないことだけだと思うのです。

なぜドラクエの主人公は勇者なのか？

さて、“勇気”について僕自身が経験から学んできたことについて書いてきました。

突然ですが、なぜ「ドラゴンクエスト」の主人公は勇者なのでしょうか？

小学生の頃、考えてみたことがあります。

戦うのであれば、戦士や武闘家のほうが強いし、

僧侶や魔法使いのような知恵も魔力もない。

なんなら遊び人や商人のほうがエッジが効いています。

なぜ、主人公は勇者という当たり障りのないキャラクターなのだろうか？

小学生の頃僕が出した答えは、この当たり障りのないキャラクターが多くの子供にとっては「自分」だと思えるからだ、というものです。

確かに、現実の世界の自分は、戦士でもなければ、魔法も使えません。

ただ魔王を倒すという目標に向かって旅を始める勇気だけを持っていた、当たり障りのないキャラクターこそ最も自己投影させやすい。

ある意味、誰もが勇者にはなれます。

だからきっと主人公を勇者にしたんだという結論に達しました。

いつでも、勇者になって旅を始められるように。

つまり、自分の運命を掌中に収めようと思ったときに、僕らはいつでも勇者になれるというゲームクリエイターからのメッセージじゃないか？　と思うのです。

冒険でも、現実社会でも、一歩踏み出すときに必要なことは勇気を振り絞ることだ、ということは変わらない事実でしょう。

第６章

人生の出来事すべてが引き出しになる

観を鍛える

実際の人生経験の中から、世界をハックするための“視点”“方法”“勇気”のそれぞれの引き出しを集めてきた話を書いてきました。

ご自身が身を以て経験した、ほろ苦い失敗も、悔し涙も、悩んだ時間も、すべてあなたの引き出しになっているはずです。無駄になることは一つもありません。だから行動が大切なのです。

そして、あなたの世界観を変えられるのは、他ならぬあなたなのです。

こうしてこの本を手に取って読んでくれているあなたが、これまで経験してきた苦労や挫折のすべてが、あなたが世界をHackするための引き出しになるということです。

そして引き出しを増やしていくときに重要なのが、“観（かん）を鍛える”という感覚です。

よく人生観とか仕事観とか恋愛観とか結婚観とか人間観などと言いますよね？

あの観（かん）です。

僕もそうですけれど、やっぱりショックな出来事や悲しい出来事に遭遇すると自分で受け止めきれなかったり、なかなか消化できなかったりすることがあります。

そんなときに、起こってしまった出来事と自分との間にこの「観」を置くのです。

最初にお伝えした、モノゴトを見るメガネみたいなものを想像してください。

様々な出来事と自分の間に観を置き、モノゴトの見方や考え方、言わば自分自身の哲学のようなものをいつも鍛えているという感覚です。

人生で起きるすべての出来事を血肉にしていくことができます。
うまくいくこともいかないことも
どうしようもなく悲しいことも
不安や恐れも
すべての出来事を通じて観を鍛えていくことができます。

最後に、僕自身が実際に起業して、汗をかき、恥をかきながら観を鍛えて、自分の引き出しにしてきた5つの学びを、共有したいと思います。何かの参考になれば幸いです。

スタートアップ経営者が失敗から得た5つの学び

1：経営者は、想像以上に会社をコントロールできない

経営者は会社をコントロールできると思っている人が多いと思います。人数が少ないチームであれば、なおさらコントロールできると思いますよね。僕もそう思っていました。

スタートアップでは、そんなことはまったくないのです。まったく、です。

小さな船で荒波に揉まれながら、予想外のことが毎日、日によっては1日に数回起きるんです。常に問題と格闘しています。なので、その船に一緒に乗っている仲間も、おのずと問題と格闘していくことになります。

多分、「どうしてこんなに問題が起きるんだ！　経営者は何やってるんだ！　バカヤロー!!」と従業員は毎日感じていると思うのですけれど、サボっていなければ、ほとんどは別の問題に必死になっているんです。ほとんど皆放っておかれているはずです。

なので、スタートアップのメンバーは全員が経営者と言っても過言ではないのです。自分で判断しないと、船は沈みますからね。

経営者は見当たらないので、自分で船が沈まないように判断していくという過酷な環境を強いられます。そういう環境ですから、実は経営者もコントロールできていない……、というか、できないのです。

ちなみに僕が会社をコントロールできる範囲は15%くらいのものです。謙遜（けんそん）でも何でもなく、85%は仲間の手に委ねられています。

だからこそ痛切に思うのが、スタートアップこそ「従業員皆経営者主義」でないとヤバイということです。

ビジネスモデルにもよるのでしょうが、グローバルで戦う会社にするには、本当に全員のパーセプションが高いレベルで必要だなと痛感しています。

２：意思決定よりも曖昧さに耐える時間のほうが長い

経営者の仕事は、意思決定をすることだと言われます。僕も会社員としてそういう仕事をしてきたはずなのですが、なんというか実感は違いました。むしろ曖昧さに耐える時間が大半でした。

スタートアップの規模ではまだ情報が少ないことが多く、そこから意思決定するのはリスクが高いのです。

ずっとわからないことに対して曖昧にしながら情報を集めていかないとマーケットの芯を捉えた判断なんてできません。

今でこそ日本で毎月50～80社と商談しながら、100社以上のお客さまと直接お取り引きさせていただくようになって、ようやく定量的に情報を集めることができるようになりました。

そのくらいの規模にならないと、個別の事象なのか全体の傾向なのかすらまったくわかりません。

自分がある程度良く知っているマーケットですらこんな感じでしたから、一緒に働いているメンバーからすると、たまったものではないですよね。

「おまえ、意思決定バシバシしろよ」と。

僕がメンバーだったらかなり突き上げていると思いますけれど、現実の僕は経営者として1年半で数えるくらいしか意思決定をしませんでした。

というよりも、できなかったと言うほうが正しいと思います。

ちょうど1年半経った頃からです。自信を持って意思決定をできるという手応えをつかめたのは。その期間を一緒に耐え切ってくれた創業時のメンバーは本当にすごいです。

こんなふうに経営の話を偉そうに書いていますが、正直に言えば、僕がすごいわけではなく、一緒に働いている仲間がすごいから、の一言です。

そして、優秀なメンバーと働くと、経営者というのはまったく楽ができない、ということも付け加えておきたいと思います。

3：現実を観ながら理想を追求し続ける難しさ

上記のような状況の中で、重要なことは現実を直視することです。

売れないとか、お客さんが使ってくれないとか、喜んでいないとか……。現実は思った通りにいきません。

でも、自分や自分たちが掲げている理想を追求しないとやっている意味がありません。

現実と向き合いながらも迎合したり妥協したりしないでいることのバランスは、極めて難しいものです。

会社の中に入ってくるありったけの情報を一つひとつ解釈しながら、仮説を立てて自分でお客さんや仲間にぶつけてみるといったことを繰り返しています。

結局、入ってくる情報の解釈の精度は、勘というか自分の中にあるリアリティを構築しないと上がりません。

こればかりは、嫌な顔をされても現場に首を突っ込まないとわからないので、継続的にアップデートしていく必要があると感じています。

4：経営者が一人で考えるよりも、メンバー全員が10％ずつ会社のことを考えるほうが強い

これは、前に書きました。経営者が必死なのは当たり前なのですが、それでもできることはやっぱり大きくないのです。

ケネディの名演説は、国家だけではなくスタートアップにも当てはまると思うのです。

「国があなたのために何をしてくれるかではなく、あなたが国のために何ができるかを考えようではありませんか」

良いチームをつくれと言われますが、良いチームの定義が最近になってようやく自分の中で定まってきました。

・自分たちが尊敬できる、一緒に働きたいと思えるメンバーを集め、
・個々が心から面白いと思えるビジョンを掲げて、
・一人ひとりが、必ず少しずつ会社のことを考えているチーム

そして、この3つの条件がそろっている良いチームには、常に危機意識や怒りがあるはずです。

このままじゃいけないとか、こうしたほうが絶対良いはずだとか、そういうものです。

これが気流や気圧を生み出し、組織やチームが自らの意識を持って動き出します。

健全な偏りと僕は呼んでいるのですけれど、そういうヘルシーなチー

ムであり続けたいと強く思います。

5：経営者は顧客やメンバー、投資家など、事業に関わってくれる全員と対峙できるだけの努力と思考が必要

いろんな学びがあるのですが、やっぱり経営者がどれだけ深く突き詰めて考えているかは、いろんな人が見ていると思います。

従業員や投資家はもちろん、顧客だってよーく見ています。僕も見られているなと思います。言い方を変えれば、皆、見てくれているんですよね。

お天道様が見ているとよく言いますけれど、これは本当だと思います。

だからこそ、安心して悩み苦しみ抜くことができます。スタートアップを経営してみて、このことに気づけたことは本当に大きいと思いました。

様々な人が「経営者は孤独だ」と言いますが、僕は違うと思います。孤独ではありません。絶対に見てくれている人がいるから、安心して悶絶していいのです。

もちろん、相談できない悩みもたくさんあるわけですけれども、それも含めて必ず誰かが見てくれているから、いくらでも頑張れます。

とてつもなく大変だし、地味なことばかりで格好いい仕事ではないということだけはわかりましたが、誇りに思える仕事です。

正確に言えば、起業してアップアップと溺れながらもいろんな人に助けられて、今ようやく誇りに思える仕事になってきたという感じでしょうか。

この5つが、僕が若輩経営者として、手痛い失敗をしながら、時に眠れないほど悩みながら、学んできたことです。

個人エンパワーメント時代の経営

皆さんは熱力学第二法則をご存知でしょうか。「エントロピーは増大する」というものです。結論から言うと、私自身はこの法則を信奉しています。エントロピーは「乱雑さ」というふうに定義されています。

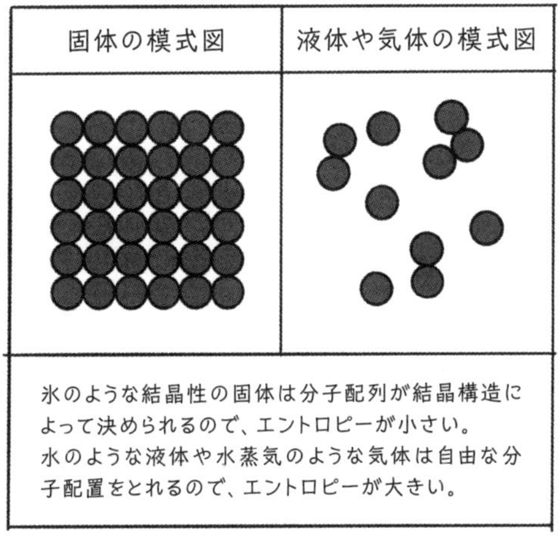

固体の模式図	液体や気体の模式図

氷のような結晶性の固体は分子配列が結晶構造によって決められるので、エントロピーが小さい。
水のような液体や水蒸気のような気体は自由な分子配置をとれるので、エントロピーが大きい。

この物理法則は、なかなか魅力的で、私の興味を摑んで離しません。というのも、インターネットビジネスの世界でも、このエントロピー増大の法則が垣間見れることが多々あるからです。

例えば、情報にもエントロピー増大の法則が見られます。現在のニュースやブログ記事はソーシャルネットワークなどを通じて増幅しながら拡散し続けています。

先日、リンクトインやFacebookなどを通じて海外にいる昔の友人や知らない海外の方々からのメッセージが急に増えました。それは、米国のテッククランチ（TechCrunch）に当社の記事が出て、それが1000件以上もツイートされ、世界中に拡散していったためです。

まるでブラックコーヒーにミルクが溶けていくように、情報が拡散し、その情報を受けた人たちが直接知らない私に繋がってきたのです。情報と人にも熱力学第二法則が働いているように見えてきませんか？

もし、これが本当だとすると、これからの時代は情報や人を管理したりコントロールしたりすることが難しくなります。

個人もこのエントロピー増大の法則に従って、様々な人と繋がり、情報を相互に発信し、良くも悪くも確実にエンパワーされていくように見えます。これからの経営はこちら側に張らないと難しい、と私は経営しながら感じているのです。

そして、個人がよりエンパワーされていく前提において、事業を運営し、企業を経営していく必要があると思うのです。これは、これまでの当たり前を疑ってかかる必要があります。

その一例が以下のようなシフトです。

・機能別組織よりもプロジェクトチーム
・会社名よりも事業内容やそこで働く人の魅力
・マネジメントよりもファシリテート
・クローズよりもオープン
・外発的動機よりも内発的動機
・フリーアドレスよりもリモート
・単独の収入よりも複数の収入
・許可よりも謝罪
・所有よりもシェア
・クローズなR&Dよりもコ・クリエーション
・管理よりも信頼

例を挙げればキリがないのですが、とにかく時代の流れや空気がそちらにシフトしているということが、世界中で同時多発的に起きているように私には見えています。

そして、何よりも私自身がそちらのほうに心地良さを感じています。

オープンソース、API、SDK、連携、エコシステム、ブロックチェーン……。

これらを成立させるための思想や振る舞いは、技術の進歩に伴ってリソースの制約が取り払われてくる際に、社会の相互関係の中で信頼するということがベースにあるように思えます。

問いを経営の中心に

個人がエンパワーメントされる時代では、会社というのは、か弱いちっぽけな存在です。特にスタートアップであれば、なおさらです。どうやって選ばれる会社、選ばれるチームをつくればいいのでしょうか。

長年の友人のリバネスという東大発のベンチャー企業の経営者、丸幸弘さんが話した大好きな言葉があります。

> 「PDCAよりQPMIを大事にして経営したい」
>
> 質（Quality）の高い問題（Question）に対して、個人（Personal）が崇高なまでの情熱（Passion）を傾け、信頼できる仲間たち（Member）と共有できる目的（Mission）に変え、解決する。そして、諦めずに試行錯誤を続けていけば、革新（Innovation）や発明（Invention）を起こすことができる――。

要は、"経営の根幹には質の高い問いが必要だ"ということです。

僕自身は、これに大賛成です。PDCAは、どこかで縮小均衡にバランシングしていってしまうのですが、それを打開するのが良質な問いの設定だと思っています。そして、“質の高い問い”は“熱狂”を生み出すと僕は信じています。

完成度が高くても面白くない会議は、アジェンダにある“問い”が良くないのだと思っています。良くないプロダクトは、そこにある“問い”が良くないのだと思っています。

荒削りでも、いいなと思うアジェンダには、その根底に“良い問い”がありますし、いいなと思うプロダクトには、その根底に“良い問い”があります。

というわけで、僕は毎回どんな小さなことでも、そのやり方についてどうしたら面白くなるかを考えています。この方法論を考えることが、すごく大事だと頑なに信じているのです。

逆に、うまくいかないときは、自分たちが取り組んでいるQuestionを疑っていくほうがいいという気がしています。

だから、選ばれる会社であり続けるために、CEOとして僕が一番頑張らないといけないことは、この問いを磨き続けることだと思っています。

シビレルQuestionを、燃えるテーマを、そして人生を懸けてもいいと思える課題を掲げて、全力で取り組む素晴らしいチームをつくっていきたいと日々考えているのです。

問いの質を高めるためには、質の高いインタラクションが必要

いかに“質の高い問い”を経営の中心に据えるか？　ということを考えたときに、自分の皮膚感覚となった引き出しを多くの人と共有しようと思うようになりました。

まさにこのプロセスそのものが「いかに問いの質を高めるか？」ということに繋がるからです。

そして、これを努力として行うのか、
それとも好きだからやるのか、
で隔絶した差が出てきます。

イチロー選手の引退会見の言葉が物語っていると思いませんか？

「いま小さいことを積み重ねるのが、とんでもないところへ行くただひとつの道」

好きだから続けられる。苦手なことも習慣にしてしまう。そういう工夫の一つひとつが自分自身の引き出しに繋がっていき、知恵になっていくのだと思います。

Cogito ergo sum

この“問いの質”を高めていくという手法ですが、これ自体はことさら新しいものではありません。

むしろ“問いの設定力”というのは、過去から現在に至るまで、脈々と議論し、磨き続けられてきたスキルセットで、経済活動はもとより、アート、政治、軍事、数学から詩や哲学に至るまで、どんな領域にも求められる普遍的な力だと考えています。

そして、現代の企業経営においても、問いの設定力は極めて重要だと思うのです。

正しい課題が設定できて初めて、課題解決が高い成果に繋がることを鑑みても、この課題設定の能力というのは経営に大きな影響を与えると言えます。いわゆるMBA的な大量のケースメソッドを用いた課題解決も重要ですが、一方でインターネット時代の経営においても課題設定力というのが極めて重要なのではないか？　と僕自身は考えています。

1637年にデカルトが『方法序説』（Discours de la méthode）で提唱した命題を覚えている方もいらっしゃると思います。

「我思う、ゆえに我あり」（Cogito ergo sum）

自分を含めた世界のすべてが虚偽であったとしても、疑っている自分の存在そのものは疑いえないという、この命題ですが、われわれが設定する“問い”そのものがわれわれ自身を証明する、と言い換えることもできるのではないでしょうか？

経営は自己学習するプログラム

そういった意味では、経営というのはまさにインプットとアウトプットの反復と言えるかもしれません。

その反復の中で、結果と徹底的に向き合うことで精度が上がっていく（といいな）と思って日々仕事をしています。

この反復によって精度を高めていけるものが、“問いの質”なのではないか？　と僕は考えています。

僕自身が考えを整理し、コンテンツにして発表すると、再編集され、皆さんのフィルターを通じてフィードバックをいただくことで、問いの質が高まっていくのです。

もちろん、批判もあるでしょうし、間違っていることへの指摘も多分にあるでしょう。

そのこと自体が尊いプロセスだと思うのです。

汗をかき、恥をかくことは、挑戦の中に内包されたプロセスだと僕自身は考えています。

不確実な未来を見通す知恵

冒頭にお話ししたVUCAの時代において、成功体験を拡大再生産するPDCAサイクルから予測不能な未来へ対応するOODAループにシフトし、全員が取り入れる必要があると言われています。

OODAループは、米国の戦闘機操縦士であり戦術家でもあるジョン・ボイド氏が発明した意思決定の方法です。

ボイド氏は、どんなに不利な状況下にあっても、40秒あれば形勢を逆転できたということから「40秒ボイド」の異名を持っていました。

彼の強さの秘訣を一言で表すと、「行動に移す速さ」。

どんなに先の見えない状況の中でも迅速に意思決定を行い、迅速に行動に移す。

これこそが、ジョン・ボイド氏が40秒ボイドたる所以だったと言われています。

ジョン・ボイド氏は、軍を引退した後に人間の意思決定に関する研究に没頭し、その研究の末につくり上げたのがOODAループと呼ばれるもので、PDCAサイクルと同じように、「観察（Observe）」「情勢判断（Orient）」「意思決定（Decide）」「実行（Act）」の4つのステップで構成されています。

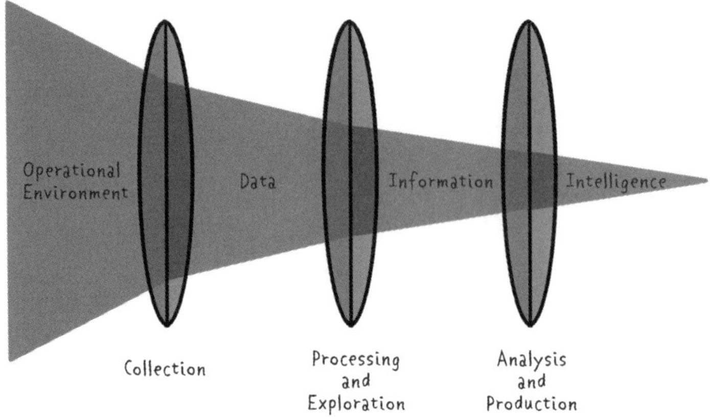

この中で、特に重要なものとして研究されていたのがOrientの部分です。

上の図は、この情勢判断のプロセスの中で、データとインフォメーションとインテリジェンスの関係を表した図です。

データを情報

インフォメーションを知識

インテリジェンスを知恵

と意訳してみます。

実は、この不確実で不透明な時代に最も重要なのは、知恵だと思うのです。

単なる知識や情報処理の速さによる賢さではなく、知恵の重要度が高まっているということでしょうか。

でも、そもそも昔から未来は不確実なものでしたよね？

歴史を振り返ってみれば、確実に人々が予測できていた未来なんてほとんどないということがわかります。

そう、過去から現在に至るまで、人類は不確実な未来を自らの知恵で、手で、切り拓いてきたのです。

その知恵はきっとこれからの世の中にも通じるはずです。

小さく悩むな、大きく悩め

さて、こうしていろいろ書いてきたわけですが、僕自身わかっていてもできないこと、あるいはできるのにわからないことがたくさんあります。

それなのに、大それた形でこうして本にまとめさせていただきました。人前に出るのもそんなに好きではありませんし、元来、適当な人間です。

それがなぜこんなことを大っぴらに書かせていただいてきたかと言えば、今でも時折お世話になっているメンターの方から言われたアドバイスに原点があります。

「おまえは悩みが小さいな。小さいことで悩んでいると自分が小さくなる。もっと大きなことで悩め。自分のことよりチームのこと、チームのことより会社のこと、会社のことより業界のこと、業界のことより国のこと、国のことより世界のことで悩め。世のため人のために真剣に悩んでいれば、そんなつまらない自分の悩みなんてものは、どうでもよくなるぞ」

というわけで、僕自身のちっぽけさなんていうものは棚にほうり上げて、恥をかき、汗をかき、自ら学んできたことを好きなように書かせていただきました。

最後に

「智に働けば角が立つ。情に棹させば流される。意地を通せば窮屈だ。とかくに人の世は住みにくい」は夏目漱石の『草枕』の一文ですが、今の世でもこれは変わっていないですよね。

タイムラインには、ポジショントーク、良い話、悲しいニュースばかりが並び、自分の現実に照らし合わせると疲弊したり、経営なんてしているとそれこそ憂鬱な出来事にまみれたりしていくわけです。

ただ、現代のデジタルテクノロジーには失敗のコストを下げるという偉大な側面があります。

一人の失敗は、社会全体から見ればチリみたいなものですけれど、その人の人生から見ると、どんどん増えていく失敗は見過ごすことのできない量となります。

われわれに求められることは、この大量の失敗といかに明るく向き合っていくか？　ということではないかと思うんです。

テクノロジーによって、大きな夢を描き、世界や社会の問題と格闘することが、ある意味で誰にでも可能になってきているわけですから、あとは、そのテーマで100回、1000回、10000回という失敗をしても、次の一歩を最初の1回目の挑戦と同じくらい明るく元気に踏み出せるか？　ということに尽きるのではないかと考えています。

暗くやるよりは明るく挑戦したほうがうまくいく可能性は幾分かは高いはずですからね。

ちなみに『草枕』は、

「人の世を作ったものは神でもなければ鬼でもない。やはり向う三軒両隣りにちらちらするただの人である。ただの人が作った人の世が住みにくいからとて、越す国はあるまい。あれば人でなしの国へ行くばかりだ。人でなしの国は人の世よりもなお住みにくかろう。

越す事のならぬ世が住みにくければ、住みにくい所をどれほどか、寛容(くつろげ)て、束の間の命を、束の間でも住みよくせねばならぬ。ここに詩人という天職が出来て、ここに画家という使命が降る。あらゆる芸術の士は人の世を長閑(のどか)にし、人の心を豊かにするが故に尊(たっ)とい」

と続きます。

ハッカーは、新しい時代の詩人であり、画家ではないかと思っています。

それでは、最後までお付き合いいただきまして、本当にありがとうございました！

皆さん自身が自分の世界の命運を手中にしたいと思ったときに、その周りの世界をハックして、世界と世界観を変えてしまえることを、その一歩を踏み出せることを、いつも願っております。

巻末付録

ケーススタディ

世界をHack（ハック）するためには、

人と違う規則性や法則を見つけて、……①
その規則性や法則を構成するシステムのスキマに介入する。……②

というたった２つのステップで実行できるとお伝えしてきました。

ハック思考は一朝一夕で身につくものではありません。
目の前の課題について２つのステップを意識しながら日々考え続けること、それを習慣づけることが必要です。

もし課題がパッと見つからない、課題はあるけれどどのように思考を展開していけば良いのかわからない……という人のために、巻末付録としていくつかケーススタディを用意しました。

僕の答えも載せていますが、これが正解というわけではありません。
「ああ、こういう考え方もあるのか！」と参考にしてもらえたらと思います。

そして、ケーススタディに取り組もうとしている人にだけ特別に、２つのステップにおけるアプローチのコツをお伝えします。

・人と違う法則を見つけるときは、「過去の事例に基づいて、具体的に

考えてみる」。

実体験を振り返ったり、違う時代や違う業界・業種で同じような構造がないかを探してみたりする。

・その法則を構成するシステムのスキマに介入するときは、「タイミングを科学する」。

どのタイミングでハックすればパフォーマンスが最大化するかを見極める。

例えば「無料体験サービス期間終了後も継続利用してもらうには？」という課題があった場合、まずは自分が無料体験サービスをそのまま継続して使っている理由を振り返ります。（過去の事例に基づいて、具体的に考えてみる）

それが、初回登録特典でプレゼントに当選したなど、ビギナーズラック的な嬉しい体験があったからだったとします。

次に、その嬉しさが最大化するタイミングを考えます。（タイミングを科学する）

登録した直後と、無料期間終了間際だったら、前者のほうがより嬉しいはずです。なぜなら、登録したばかりの頃が一番気持ちがホットだからです。

例えば、付き合いたての盛り上がっている時期に恋人にプレゼントをもらったら喜びもひとしおですが、もし付き合ってすぐ音信不通となった恋人から１ヶ月後に突然プレゼントをもらっても、すでに気持ちは冷めてしまっていると思います。やっぱり最初が肝心なのです。
したがって、「無料体験サービス期間終了後も継続利用してもらうには？」をハック思考を用いて解決すると、以下のようになります。

①人と違う法則を見つける：

ビギナーズラックを経験すると継続したくなる

②その法則を構成するシステムのスキマに介入する：

最初の段階でラッキー体験をさせる

なんとなくイメージは摑めましたか？
ハック思考とは、言ってしまえばとんちです。手品のトリックです。人間の心理の裏をかいた、あっと驚くような発見です。
ぜひ頭をぐにゃぐにゃにして、楽しんでハック思考を鍛えていってください！

Q1　退学率を減らしたい

①人と違う法則を見つける：

友達がいないと辞めやすい

②その法則を構成するシステムのスキマに介入する：

入学式でバディを組ませる

自分が新しいコミュニティに入っても、すぐ辞めてしまったときに何が起こっているのかを考えると、周囲が知らない人ばかりだったとき。友達がいないと辞めやすくなる。じゃあ友達をつくるときってどういうとき？　と考えると、不安なときですよね。一番不安なときは入学式です。

つまり、退学率を減らすためには、入学式に「バディを組む」というイベントを入れて、半ば強制的に友達をつくらせます。
そして、「自分はどうしてこの学校に入学したのかをバディとシェアしてから、様々なオリエンテーションを受けてください。終了後は一緒に相談しながら受講するカリキュラムを決めるようにしてください」と伝える。
すると、「困ったときや挫折しそうなときは、この人に相談すればいい」という頼り先が確保できるので、結果的に退学する人の数が減るのです。

実際、とある美術系の学校ではこの方法で退学率が約５％減りました。

Q2　温浴施設のチェーンでの会員の予約率を高めたい

①人と違う法則を見つける：

予約をしようと考えることが億劫

②その法則を構成するシステムのスキマに介入する：

チェックアウト時に次回予約を必ず入れさせる

まずシンプルに「予約」というものを実体験に基づいて考えます。自分にとって予約とは、面倒臭いもの。にもかかわらず予約という行為をしているのはなぜだろう……。
例えば僕は、行きたくないのに予約をしているところ第１位が歯医者です。行きたくないのに予約をしている理由は、最後の会計時に次回の予約希望日を聞かれるから。
なので、温浴施設においてもチェックアウト時に必ず次回の予約の有無を聞くようにすればおのずと予約率は上がります。
多くの場合、予約率を上げる施策として、「メルマガを送付する頻度を高くしよう」「開封率が上がるように文言を変えよう」「お得なキャンペーンを展開しよう」といったものを実行しがちですが、これらはとっくに誰かがやっています。あくまで人と違う法則を見つけることが重要なのです。

Q3　大規模な営業組織の売上を高めたい

①人と違う法則を見つける：

人の能力は変わらないので、当たる順番を変える

②その法則を構成するシステムのスキマに介入する：

提案内容ではなくタイミングの精度を高めて訪問する

売上をあげるために、よく「個々人の提案力を高めよう」「ベースの能力を底上げしよう」と言われますが、自分自身を振り返ると、能力って一朝一夕に劇的に上がるものではないということはわかりますよね。

ではどうすればいいのか。提案内容ではなくて、提案のタイミングの精度を上げればいいのです。

どんなにサービスやプロダクトが優れていても、それを購入するかどうかを決めるタイミングでお客さんのところに行かないと商談にはなりません。

例えば、インターネット回線は頻繁に変えようと思いませんよね。変えるとしたらマンションの更新など引越しのタイミング。だから、「こちらのマンションの更新はいつですか？」と聞けばいいだけ。
皆営業を頑張ろうと思うと提案内容をブラッシュアップする度にアポを

取ったり、ローラー作戦だと言ってとにかく会いに行ったりしますが、それは意味がありません。けれど上司は、どのくらいの頻度で足を運んでいるかといった行動量で評価しがちなので、タイミングが一番重要だということになかなか目が向かないのです。

Q4　金融機関でローン審査が通った人の貸出率を高めたい

①人と違う法則を見つける：

いつ審査が完了するかがわかれば待ってくれる

②その法則を構成するシステムのスキマに介入する：

時間がかかる人とかからない人をトリアージして、申請時に審査完了までの時間を伝える

ローンの審査に通ったのに実際に借りる人は６～７割です。なぜでしょうか？

もし自分が審査申請を出すとしたら、確実にお金を借りたいので複数社に出します。そう考えると、６～７割という貸出率は合点がいきますよね。

そして、余程の理由がない限りは、最初に審査結果が出たところに決めると思います。いつまでも待っていられないからです。

とすると、いつ審査が完了するかを伝えれば待ってくれるはずです。例えば飲食店で「満席なので、いつ頃ご案内できるかわかりません」と言われるよりも「只今の待ち時間は15分です」と言われたほうが、そのまま待つ気になりますよね。

人は、どのくらいの時間待てばいいかがわかれば、待てる生き物なのです。

そこで、入力内容から時間がかかる人とかからない人を自動的に選別して、時間がかかる人には「7日以内に必ず返答します」、時間がかからない人には「2日以内に必ず返答します」と言っておく。医療現場において治療の優先度を決定して選別を行うことをトリアージと言うのですが、まさにそのトリアージを行い、審査にかかる時間を伝えれば貸出率は上がります。

Q5　会員登録フォームで、登録完了までのCVRを上げたい

①人と違う法則を見つける：

難しい質問で手が止まる

②その法則を構成するシステムのスキマに介入する：

難しい質問は最後に持ってくる

会員登録をする機会は、すごく多くありますよね。名前と生年月日とメールアドレスのみなどシンプルなものから、免許証やマイナンバーカードをアップロードする必要があるなど複雑なものまで様々です。後者の場合、途中で面倒になって離脱してしまうので、会員登録完了までのCVRはあまり良くありません。

ではどうしたら最後まで入力してもらえるか。そう考えたとき、僕が複雑な会員登録をした際「ここまで時間をかけたんだから、完了までいかないともったいないな……」という気持ちで最終項目まで入力したことを思い出しました。

ということは、簡単なことから聞き始めて、難しい質問や手間のかかる項目は最後に持ってくればいい。順番を変えるだけで、実際2倍くらいCVRが上がりました。

Q6　婚活マッチングアプリでマッチング率を上げたい

①人と違う法則を見つける：

人を好きになりやすいのは、失恋したとき

②その法則を構成するシステムのスキマに介入する：

失恋した瞬間に登録してくれた人には1000円プレゼントする

好きな相手を口説くベストタイミングについて友人らと話していたときに思いついたのですが、人は失恋したてのときに優しくされると好意を持ちやすくなります。

付き合いたての人に告白するより、傷心の人に告白するほうがOKされる確率は高い。だから、マッチングアプリでマッチング率を上げたいのであれば、そもそもマッチしやすい人が登録していればいいので、失恋した人へ「1000円プレゼント」といった特典をつける。

失恋した人が集まる婚活マッチングアプリ。これはかなり面白い気がしますよね。

Q7　観光客を増やしたい

①人と違う法則を見つける：

観光客ではなく企業にアプローチする

②その法則を構成するシステムのスキマに介入する：

オフィスの利用権を週単位で売る

観光客数を伸ばすという発想を捨てて、そもそもの目的を考えます。それは、人口流入数を増やすこと。であれば、観光客に絞る必要はありません。

そして自分が観光地を訪れるときって、大体休日ですよね。ということは、観光客は基本的に土日祝日しか来ない。それなら平日に来る人、例えば、会社員にターゲットを変えたほうが人口流入数は増えるはずです。

僕だったら企業にリモートワークならぬ「リゾートワーク」という働き方を提案して、オフィスの利用権を週ごとに売ります。1年間、約50週を1週ずつ売れば50社に利用してもらえるので、毎週新しい人がその土地を訪れてくれる。さらに週末に社員の家族が来れば、その土地をより楽しんで帰ってもらえる。プライベートでまた来ようね、となるかもしれない。

Q8　内定辞退率を下げたい

①人と違う法則を見つける：

友達がいないと辞めやすい

②その法則を構成するシステムのスキマに介入する：

コミュニティごと採用する

「退学率を減らしたい」のケースと同様で、辞退させないようにするには友達の存在がカギになります。

ですから、僕が採用担当者だったら、高校の野球部など部活単位で採用します。なんなら社内に部活もつくります。友達と一緒に働けるのは生徒にとっても不安が軽減されるし、大好きな野球も継続できる。そのような状況では、自分だけ断るという事態は発生しにくいので、内定辞退率は下がります。

また、「能力に差があっても関係ない。うちなら選考なしで全員採用します」と言って学校と提携すれば、毎年一定数は採用人数を確保できます。卒業生が働いている会社であれば学校や親御さんにとっても安心なので、就職を推奨してくれるはずです。もちろんブラック企業でないことが前提ですけれどね。

Q9　ある特定のアイテムを売りたい

①人と違う法則を見つける：

「捨て」の選択肢をつくると人は迷わない

②その法則を構成するシステムのスキマに介入する：

他アイテムとの差を極端にする

ものを購入するときに悩むのは、差がはっきりしないときです。デザインも大きく違わないし、値段も同じくらい、だからどっちも良くて決められない。どっちの選択肢も捨てられないのです。

ということは、あえて「捨て」の選択肢をつくってあげれば良いのです。つくるときのポイントは、差を極端にすること。そうすれば悩みません。

例えば、値段の差を極端にする。
この本の取材中、編集者の箕輪さんから、オリジナルサンダル「ミノサン」を完売させるにはどうしたら良いかと相談を受けました。黒、白、青、黄の４色展開で40足ある、でもダサイから売れる気がしないと。
僕は「デザインはまったく一緒で色が違うだけだと悩んでしまうので、１足だけ13万円、他は100円で売りましょう」と提案しました。13万円という値段設定は原価が回収できる金額です。

多くの人は100円のものを選ぶので、それは完売するでしょう。でも13万円のものが売れないと原価が回収できないので、「100円のものを買った人は13万円のものを買った人に絶対ありがとうと言う」という仕掛けもつくりました。

その結果、箕輪さんの「ミノサンの黄色は1足限定で13万円。他は100円です。黄色が全経費分回収してるので100円のミノサンを買った人は黄色ミノサンを履いている人に会ったら必ずありがとうございますと言いましょう。黄色ミノサンを履いてるとお金持ちだと分かるので確実にモテます」というツイートがバズり、13万円のミノサンも売れました。

写真／森川亮太(箕輪編集室)

Q10　通勤渋滞を緩和したい

①人と違う法則を見つける：

通勤する必要性をなくす

②その法則を構成するシステムのスキマに介入する：

会社ごと地方に疎開する

渋滞を緩和するために、時差出勤の推奨、臨時列車の運行、ラッシュ時間帯以外の列車を利用した通勤客らに提携店舗のクーポン券を配布する、などの対策を各社が取っていますが、そもそも通勤する必要性をなくせば渋滞は緩和します。

例えば「観光客を増やしたい」のところで出てきた、観光客を呼び込みたい地域と組んで、会社ごと疎開させる“一大疎開キャンペーン”をする。そうすれば都内の通勤人口が減ります。

家族も安く泊まれるような宿泊施設を提供したり、また、東京オリンピックやワールドカップなど大きいイベントが実施されるときには、パブリックビューイングを設置したりすれば、キャンペーンに参加したい企業が増えるかもしれません。

Q11　新規顧客を開拓したい

①人と違う法則を見つける：

新規顧客を開拓せざるをえない仕組みをつくる

②その法則を構成するシステムのスキマに介入する：

評価制度を極端にするか、新規専門部隊をつくる

そもそもなぜ新規開拓がうまくいっていないんだろう？　と考えたとき、苦手だから、嫌いだからという理由が挙がったとします。
その場合は強制的に新規開拓をする必要性をいかに感じさせるかがポイントです。例えば、新規顧客の売上と既存顧客の売上の評価を雲泥の差にする。新規はめちゃくちゃ評価する一方、いくら既存顧客の売上を伸ばしてもまったく評価されない。この評価は給与に響くので、頑張らざるをえないというわけです。

もし会社の人材リソースがあるならば、新規顧客の開拓が得意な人だけを集めた専門部隊をつくるのが良いでしょう。要は、得意分野だけに特化すればいい状況をつくってあげるのです。新規が苦手な人に無理やり開拓させるよりも、絶対に売上があがるので、会社としては専門部隊をつくったほうがメリットが大きいのです。

この本を最後まで、読んでいただいてありがとうございました。

この本には、現在進行形の続きがあります。

Twitterで、私自身が気づいたハック思考の引き出しとなるネタを共有しています。

#ハック思考

この本を読んでいただいた皆さんの仕事、勉強、恋愛、子育て、様々なハックのネタを共有し合えたらと思っていますので、ぜひ#ハック思考をつけてツイートしてみてください。

また、こんなときどうやってハックすればいいか？　皆で考えるTwitterと連携したオンラインサロンをつくりました。

有料で、オープンにしたくない相談や回答もコッソリ聞くことができます。

みんなでハック思考

続きはインターネット上で会いましょう！

ハック思考
最短最速で世界が変わる方法論

2020年3月20日　第1刷発行

著者
須藤憲司

発行人
見城 徹

編集人
森下康樹

編集者
箕輪厚介　山口奈緒子

発行所
株式会社 幻冬舎
〒151-0051 東京都渋谷区千駄ヶ谷4-9-7
電話　03(5411)6211 [編集]
　　　03(5411)6222 [営業]
振替　00120-8-767643

印刷・製本所
中央精版印刷株式会社

検印廃止

ISBN978-4-344-03575-1　C0095
幻冬舎ホームページアドレス
https://www.gentosha.co.jp/

この本に関するご意見・ご感想をメールでお寄せいただく場合は、
comment@gentosha.co.jpまで。